SE CRITICAR, BOLSONARO VOLTA

CB080759

SE CRITICAR, BOLSONARO VOLTA

O Brasil pós-capeta.
A picanha voltou.
O orçamento secreto continua.
A democracia salva por Xandão.
E ai de ti se reclamar, golpista.

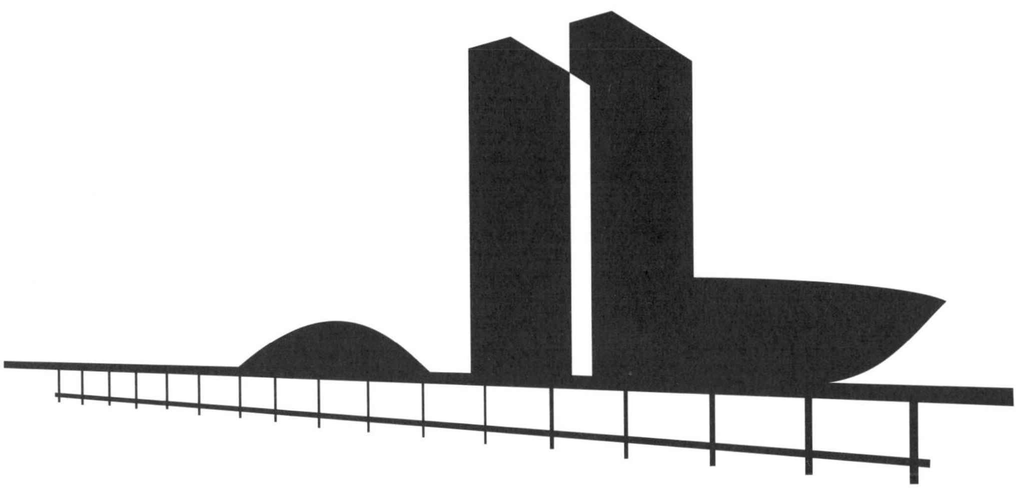

CARLOS ANDREAZZA

70
Rio de Janeiro, 2025

Se criticar, Bolsonaro volta
Copyright © 2025 Edições 70.
Edições 70 é um selo da Editora Almedina do Grupo Editorial Alta Books (STARLIN ALTA EDITORA E CONSULTORIA LTDA).
Copyright © **2025** Carlos Andreazza.
ISBN: 978-65-5427-288-9

Impresso no Brasil – 1ª Edição, 2025 – Edição revisada conforme o Acordo Ortográfico da Língua Portuguesa de 2009.

Dados Internacionais de Catalogação na Publicação (CIP)
(BENITEZ Catalogação Ass. Editorial, MS, Brasil)

A574c
1.ed. Andreazza, Carlos
Se criticar, Bolsonaro volta : o Brasil pós-capeta, a picanha voltou, o orçamento secreto continua, a democracia salva por Xandão, e aí de ti se reclamar, golpista / Carlos Andreazza. – 1.ed. – Rio de Janeiro : Edições 70, 2025.
288 p.; 15,7 x 23 cm.

ISBN 978-65-5427-288-9

1. Bolsonaro, Jair Messias – 1955. 2. Brasil – Política e governo. 3. Cidadania. 4. Democracia brasileira. 5. Sociedade – Aspectos políticos. I. Título.

11-2024/188 CDD 320.981

Índice para catálogo sistemático:
1. Brasil : Política e governo : Ciências políticas 320.981

Aline Graziele Benitez – Bibliotecária – CRB-1/3129

Todos os direitos estão reservados e protegidos por Lei. Nenhuma parte deste livro, sem autorização prévia por escrito da editora, poderá ser reproduzida ou transmitida.
A violação dos Direitos Autorais é crime estabelecido na Lei nº 9.610/98 e com punição de acordo com o artigo 184 do Código Penal.
O conteúdo desta obra fora formulado exclusivamente pelo(s) autor(es).
Marcas Registradas: Todos os termos mencionados e reconhecidos como Marca Registrada e/ou Comercial são de responsabilidade de seus proprietários. A editora informa não estar associada a nenhum produto e/ou fornecedor apresentado no livro.
Material de apoio e erratas: Se parte integrante da obra e/ou por real necessidade, no site da editora o leitor encontrará os materiais de apoio (download), errata e/ou quaisquer outros conteúdos aplicáveis à obra. Acesse o site www.altabooks.com.br e procure pelo título do livro desejado para ter acesso ao conteúdo.
Suporte Técnico: A obra é comercializada na forma em que está, sem direito a suporte técnico ou orientação pessoal/exclusiva ao leitor.
A editora não se responsabiliza pela manutenção, atualização e idioma dos sites, programas, materiais complementares ou similares referidos pelos autores nesta obra.

Grupo Editorial Alta Books

Produção Editorial: Grupo Editorial Alta Books
Diretor Editorial: Anderson Vieira
Editor da Obra: Marco Pace
Vendas Governamentais: Cristiane Mutüs
Gerência Comercial: Claudio Lima

Assistente Editorial: Andreza Moraes
Revisão: Carol Colffield
Diagramação: Joyce Matos
Capa: Lorrahn Candido

ALTA BOOKS
GRUPO EDITORIAL

Rua Viúva Cláudio, 291 – Bairro Industrial do Jacaré
CEP: 20.970-031 – Rio de Janeiro (RJ)
Tels.: (21) 3278-8069 / 3278-8419
www.altabooks.com.br – altabooks@altabooks.com.br
Ouvidoria: ouvidoria@altabooks.com.br

Editora **afiliada à:**

Para Manu e Carol

Honrei os meus pais
E amei meus irmãos.

Antonio Candeia Filho — *Testamento de partideiro*

Este livro reúne artigos publicados nos jornais *O Globo* e *O Estado de S. Paulo*. Oitenta e três do primeiro, em que escrevi por oito anos, entre 2016 e 2024. Vinte e nove do segundo, em que ora escrevo.

Organizado cronologicamente, cobre o período que vai desde o finzinho do governo de Jair Bolsonaro — o primeiro texto é de 31 de outubro de 2022, o então presidente já derrotado nas urnas — até o final de agosto de 2024, cumprido ano e oito meses do terceiro mandato de Lula.

Um recorte que, mais do que documentar um processo de transição viciado, pretende projetar as dificuldades para o futuro do Brasil, país há mais de década enterrado numa depressão política.

O cronista é um obsessivo. Aqui vão reunidas — e desenvolvidas, e insistidas, e, quero que também, explicadas — as minhas obsessões. O orçamento secreto, o arcabouço (natimorto) fiscal, os reinados de Arthur Lira e Davi Alcolumbre, o Supremo do Xandão... A mais fundamental dessas fixações parte de constatação óbvia: há um governo em curso, hoje, que precisa ser fiscalizado e criticado. Sem medos.

A vitória de Lula em 2022 — ou a derrota de Bolsonaro — não significou o fim da história. Lula não é a democracia, por oposição ao capeta. Tampouco Alexandre de Moraes, nunca herói, é a encarnação do Estado de Direito; nem o Supremo o é.

A existência de Bolsonaro não lhes faz inimputáveis. A vida continua. O país precisa de normalidade. Não se chegará à sanidade cultivando o *8 de janeiro permanente*. Não se vive de Xandão. E não nos faltam experiências com mitos e heróis.

Criticar governantes — até Lula! — é expressão de debate público saudável. Não é campanha — torcida — pela volta do outro. Não é alimento para o golpe à espreita. Criticar governantes e governos é obrigação. Temer o exercício da crítica, sucumbir à pressão, é manifestação de democracia doente.

A defesa da democracia não autoriza autoritários nem pode ser feita com autoritarismos.

Este livro não é produto do estado de vigília que, no pós-Bolsonaro, tem chancelado até censura prévia — em nome da democracia. Este livro olha para a frente. Não tem o ex-presidente como objeto ou fetiche — escape; ele está em segundo plano. No radar, mas secundário.

Atentos sempre aos golpismos, essa prevenção não pode ter efeito intimidador e paralisante — que interdite a atividade republicana de escrutinar o Poder. O presidente é Lula. Governo Lula. E não lhe faltam problemas. Matéria para jornalismo.

Rio de janeiro, 30 de junho de 2024

SUMÁRIO

PARTE
1

MANO BROWN 2022

31/10/22

Até a conclusão deste artigo, no começo da noite de 31 de outubro, Jair Bolsonaro não havia se pronunciado sobre a derrota. Não que surpreenda. Foi péssimo presidente — derrotado, sobretudo, por haver sido péssimo. Teria de ser péssimo perdedor.

Não surpreende, nem há muito mistério. Fez o diabo para camuflar — maquiou até posto de gasolina — a ruindade de sua gestão; e fracassou. Uma façanha. Derramar, concentradamente, R$100 bilhões — a população a lhe financiar a campanha — e perder. O silêncio, previsível, compondo a atitude-padrão de um agente para o conflito que joga com expectativas. Mas a quem sobraram poucas possibilidades.

Escrevo isso para que não se superestime a sua força. Tendo feito tudo que fez, estranho seria se perdesse de lavada. Derrotado, não lhe resta muita margem.

Não que seja carta fora do baralho. É o presidente. Não que não tenha base social própria. Tem. Nem que não canalize o sentimento antipetista, esse gigante subestimado. Canaliza. Ainda. Era óbvio que seria competitivo. É óbvio que ainda provocará distúrbios. Café frio também mancha.

A questão é: mesmo com a anistia dada aos crimes e criminosos da pandemia, teria Bolsonaro chegado tão próximo de vencer sem o orçamento secreto e tudo quanto pôde comprar, aí incluídos PEC Kamikaze e pacotão de bondades? Teria, sem os efeitos da sociedade com Arthur Lira e Ciro Nogueira?

E o que será de Bolsonaro, sem mandato, uma vez encerrada — hoje ou amanhã — essa sociedade?

Cuidemos para não supervalorizar a potência antissistema do bolsonarismo, até para que possamos medir o real assentamento da direita sectária entre nós.

Bolsonaro não foi o primeiro incompetente a presidir o Brasil; mas foi o primeiro, desde 1998, a concorrer e não se reeleger. A concorrer, gastar fundos tomados do futuro para se reeleger e não conseguir. Péssimo presidente. Terá de ser péssimo perdedor. Sem surpresa. Surpreendente será se tivermos um período de transição minimamente saudável. Surpreendente, se ele não impuser dificuldades à normalização do trânsito institucional.

O presidente atravanca. Todo cidadão brasileiro precisa de estabilidade; e Bolsonaro só existe no choque e na imprevisibilidade, daí por que seja impossível construir ou reformar algo sobre o solo de sua presidência, donde seja o antibolsonarismo, acima de tudo, manifestação de cansaço.

O Brasil é um país exaurido.

Sim. Bolsonaro falará em algum momento. Talvez já o tenha feito no intervalo entre o meu ponto final e a circulação do matutino. A este texto interessa medir o grau de esgarçamento da fibra republicana para que haja quem considere bom o silêncio. A alternativa sendo que falasse — e falará — para atacar. Sua existência competitiva a depender do cultivo resistente — sócio ainda de Valdemar Costa Neto — da persona antiestablishment.

Falará; mas me permita, você que me lê, escrever que está falando — que Bolsonaro está falando — desde o fim da noite do domingo em que Lula foi eleito. Ou não serão expressões de Bolsonaro os caminhoneiros — e os patrões dos caminhoneiros — que fecharam rodovias e impediram a livre circulação de pessoas e bens? Ou não será expressão de Bolsonaro a atividade da Polícia Rodoviária Federal, que na véspera — dia de eleição — se mobilizara para fiscalizar ônibus com pneus carecas e que, horas depois, cruzaria os braços (para não aplaudir) ante a obstrução de estradas?

É o mais próximo que chegaremos da tal venezuelização. O bolsonarismo é isto: fenômeno para o conflito que acusa influentemente o risco de venezuelização do país, enquanto alimenta e explora atos milicianos capazes de gerar desabastecimento.

Não haverá surpresas. Haverá sinais disparados em sentidos diversos.

Não serão fáceis os próximos meses. Serão dificílimos, como duríssimos serão os próximos anos. O buraco é fundo e ainda está sendo cavado. O problema sendo menos Bolsonaro e mais o ambiente em que o bolsonarismo é possível.

Este Brasil cansado não é, não exatamente, um país dividido. É, antes, um depauperado. Pela miséria, pela exclusão. Pelo ressentimento dos excluídos. Dos alijados.

É a desesperança profunda, uma percepção difusa de não pertencimento, e as formas ligeiras — oportunistas — como se enfrenta esse sentimento de inexistência que dividem; que aprofundam o fosso que aparta o Brasil da República; que dão berço a bolsonaros.

O país perdeu — perdeu-se de — qualquer senso de elite. Não falo, por óbvio, de elite econômica. Mas de um sentido de delegação e confiança. De liderança.

A República progressivamente percebida como uma fachada operadora de causas privadas.

E então me lembro do que disse Mano Brown em 2018, no palanque de Haddad. Sobre se ter perdido o pulso do povo. Perdida a capacidade de compreender os anseios das gentes. Espécie de cegueira. Isso permanece, agravado mesmo. Não sei se Lula — se o governo Lula, ainda que em frente ampla — conseguirá promover a reconexão necessária com o cidadão de cuja mão a atividade política se perdeu. Esse é o tamanho do desafio.

A TRANSIÇÃO DO ORÇAMENTO SECRETO

7/11/22

É preciso tratar da PEC da Transição, do risco de normalização do estado de emergência fiscal; como se pudéssemos viver num *waiver* permanente. Não podemos. Ou: não deveríamos. Não se pode descartar, porém, que governos gostem da ideia. A prática está aí. Temos nos bancado assim. Forjando orçamentos de mentira e depois lhes pendurando gastos de verdade.

Assim será para 2023. Está dado. E sejamos justos. Já estava — como se diz? — precificado que, qualquer que fosse o vencedor, pela porteira arrombada por Bolsonaro passariam gastos extras para a manutenção do auxílio a R$600. E Lula prometera cuidar do salário mínimo imediatamente. Será ingenuidade esperar que o presidente eleito cometa estelionato eleitoral com o país cindido como está.

Para 2023, pois, só se pode cobrar, com sorte, que o final de 2022 traga algum teto para como se violará o teto. Pode-se também exigir, ainda que para fazer papel ridículo, que 2023 venha com nova âncora fiscal para o lugar de um teto que, destruído por Bolsonaro, já não existe mais — sendo inadequado o emprego anterior do verbo violar. Ou será violado o que inexiste?

O mundo real nos autoriza a torcer. E lamba. Em 2022: para que se limite o valor fabricado à margem do orçamento; para que se desista, por exemplo, de alargar agora a faixa de isenção de IR, o que resultaria em perda de arrecadação. Em 2023: para que se apresente um novo marco fiscal ao vácuo do finado teto.

Estamos falando do futuro. A rigor, de 2024. De 2023 para 2024. O governo terá de buscar algum realismo orçamentário e mostrar como controlará gastos. Políticas públicas devem derivar de escolhas e caber na conta. Algo ficará de fora. Atentemos a isso.

Antes, será urgente olhar para o que se normaliza de modo a renovar a licença para gastar no ano que vem. O que terá tornado viável, fluente, de PEC Kamikaze à da Transição, um súbito compromisso do Congresso com novo jorro de bilhões? O que terá feito a solução PEC um repentino desejo parlamentar?

O orçamento secreto, que comprou, na forma do pacotão de bondades, o financiamento à competitividade de Bolsonaro no esforço pela reeleição, e que ora vende facilidades — em troca de permanecer — à aprovação de quantos bilhões extras o novo governo quiser.

A PEC da Transição é a da manutenção do orçamento secreto e da reeleição de Lira. A aprovação da PEC, atrelada a Lira, atrela o governo Lula a Lira e seus sócios. Renan Calheiros, inimigo do lirismo nas Alagoas, já estrilou. Talvez não haja alternativa.

Aprovar a PEC da Transição é liberar os bilhões tanto quanto aprovar a transição para que o orçamento secreto — que o presidente eleito prometera derrubar — se converta em instrumento de navegabilidade para o governo Lula. Aprovar a PEC da Transição também sendo aprovar, sob o compromisso de não mexer com o orçamento secreto, a reeleição de Lira; como se a sociedade que o consórcio parlamentar firmara com Bolsonaro migrasse, compulsoriamente, para Lula.

Talvez não haja — não na política — alternativa.

O orçamento secreto — que saiu gigantesco das urnas, ao mesmo tempo reeleito e grande eleitor — vai ficando, de repente, admissível, porque o novo governo precisa governar. E o orçamento secreto dá votos. Para a agenda do governo e para as agendas de Lira e Pacheco. Coincidência de interesses. Estabelece-se a sociedade; estabelecido o bicho pelos costumes parlamentares nos gozos de já três orçamentos.

Não há — não na política — alternativa.

Ouve-se que os senhores do Congresso estariam dispostos a mexer nas emendas do relator. O truque é óbvio. Projetada a sombra de que o Supremo possa agir, correm os imperadores orçamentários para oferecer, afinal, a transparência. É o de menos. O mais grave, no exercício do orçamento secreto, sendo o desequilíbrio que sua natureza determina.

Estariam, liras e pachecos, dispostos a relaxar a mão autoritária — que lhes dá o poder concentrado — com a qual decidem os destinos dos bilhões? Duvido. O problema — repito — não é somente a falta de transparência. É, sobretudo, a desigualdade que anaboliza um Ciro Nogueira. Bilhões despejados — com maior ou menor publicidade — para aliados, em detrimento de adversários.

Só há solução via STF.

O Supremo tem de ser fiel à Constituição — radical, portanto — ao declarar a inconstitucionalidade do orçamento secreto. Já. Sem modulações. Sem a farsa de cuidar apenas para que os patronos das emendas sejam conhecidos. Isso não bastará.

Em vez de se esconder atrás da fachada de Alexandre de Moraes, a quem concedeu poderes excepcionais inconciliáveis com a Carta (e esse gênio não voltará mais à lâmpada), o STF deveria concentrar energia em derrubar, colegiadamente, a fachada — a emenda do relator — que formalizou um complexo esquema também de corrupção que, pervertendo o orçamento público, sequestrou a República.

Não se pode transigir com o orçamento secreto. Governos transigirão. A Suprema Corte não pode. Ou não será a Suprema Corte.

EXPECTATIVAS

14/11/22

Mercado não é monólito pontificando desde a Faria Lima. Não é somente o banqueiro. Mercado é algo tão concreto quanto possam ser os humores. É expectativa. Capta, avalia e difunde humores.

Se a expectativa é ruim, mobiliza-se a prevenção. Erguem-se as defesas. Se a projeção é ruim, protejo-me. A empresa se protege. São sinais gerados a partir de sinais. Reage-se. O caldo engrossa. O dólar sobe. É resposta. Você, de repente, deixa de consumir elemento da cesta básica cujo preço é dolarizado. Sinal. Também resposta. É mercado. Se o governo — ou futuro governante — emite indicativo lido como ruim, reage-se. É do jogo.

Reagiu-se muito a Bolsonaro; à PEC dos Precatórios, às intervenções na Petrobras, à destruição do teto de gastos. Nenhuma reação à sua responsabilidade sobre a inflação dos alimentos - sendo maior que a materializada em derrota nas urnas. Movimentos que sugiram insegurança geram desconfiança. E desconfiança, na linguagem do mercado, desdobra-se em inflação e juros — conjunto perverso, especialmente contra os mais pobres.

Incerteza faz preço. Se há, e há, consenso sobre gastos — licença excepcional — para além do orçamento de modo a custear benefício social, e se de repente esse montante extra ganha peso e passa a abarcar também porção outra de despesas, ademais em caráter permanente, a conta fica mais cara. Se a PEC da Transição se acerca da Kamikaze para ser a da Permanência, pague-se. É justo. É, sobretudo, lógico.

Nem sempre é. Expectativa faz preço e pressão. Condiciona mercado. Em excesso, produz ilusão. O problema não está na expectativa em si, mas em como é calibrada.

Escrevo isso a partir do que mobilizam a eleição de Lula e a transição para seu governo. Não será o primeiro. Não há muita margem a surpresas. Para o bem ou para o mal. E não deixa de ser reconfortante mirar a previsibilidade de Lula III: qualquer um sendo capaz de lhe listar os potenciais — os prováveis — erros. Serão os mesmos. Há estabilidade — poder de planejamento, de antecipação — em um rol de barbaridades pelas quais se deve esperar. Serão as mesmas, agravadas pelo fato de não serem mais somente barbaridades; mas barbaridades envelhecidas.

O governo será do PT. Nunca foi outra a perspectiva, se eleito Lula — independentemente de quem o tenha apoiado. Precifique-se, se ainda não. Está tudo aí.

Sempre esteve. Sem campo para a fantasia. Sem histeria. Há um limite muito óbvio para a aplicação, em termos de governo, da tal frente ampla eleitoral. A eleição acabou. A amplitude da frente, que pressupunha envergadura para efeitos eleitorais, significa agora — para fins de posição influente num governo — que há os mais próximos do tronco.

Por exemplo: Mantega não será ministro, mas o manteguismo estará presente no ministério. Precifique-se.

Você pode ter votado em Lula para remover Bolsonaro. Milhões o fizeram, talvez mesmo a maioria dos que elegeram o próximo presidente. Quem venceu, porém, foi Lula. Quem venceu: Lula e o PT. A expectativa desaguará em sucessivas frustrações se não houver clareza a respeito. Você votou contra Bolsonaro. Você votou em Lula. No PT. Você votou — contra Bolsonaro — no PT porque esse era o corpo competitivo, o único, capaz de vencer. Outro, ao centro, não prosperou.

Simone Tebet foi derrotada na eleição. Terá lugar no novo governo, por haver formado com Lula no segundo turno? Sim. Possivelmente com destaque. Mas é ilusório supor que haverá algo além de uma presença majoritariamente petista na composição estratégica do ministério. Inclusive na gestão da economia.

A expectativa de que aquilo que se acomodou na eleição como esforço antibolsonarista — reunião de atores políticos não raro incompatíveis — pudesse se reproduzir na dinâmica do governo é estúpida. Imaginar — apostar — que um agente político não petista será ministro da Fazenda de um governo petista é uma improbabilidade desautorizada pela história. Seria surpresa sem precedentes.

Surpresa será se Lula não buscar solução como a de 2003 para as pastas da área econômica. O pensamento manteguista estará lá. E com vigor. No mundo real, à luz da história, o que se pode esperar — por balanço — é um ministro da Fazenda petista que emule Palocci. Um político, do partido, com experiência administrativa — um ex-governador — e que transite bem no Parlamento. Um Rui Costa. Um Wellington Dias. Não se descarte Haddad. Um perfil a ser cercado, como fora Palocci, de técnicos percebidos como garantidores da sensibilidade fiscal.

Esse é o esquema que o PT e Lula têm na conta de bem-sucedido — e que poderá perfeitamente se encaixar, segundo o partido, na faixa do que seria justa representação da frente ampla e boa mensagem ao mercado. Precifique-se. Goste-se ou não, foi — por paixão, defesa da democracia ou simples cansaço de Bolsonaro — o que se elegeu.

BODÃO
21/11/22

O bode está posto. No Parlamento. Para o Parlamento. É a PEC. O gabinete de transição engordou o bicho. Informou: quero tudo. Colheu reações ruins. E ainda pôs mais peso ao entregá-lo. Sentiu que podia empurrar uns quilinhos inesperados. Informou: quero tudo — tudo de que se reclamou — e ainda mais um bocado. Bancou, até o último minuto, o regime de engorda. Ao Congresso, agora, a disciplina — o ônus — da dieta.

O governo eleito esticou a corda mesmo; e ora transfere responsabilidades. É velha estratégia política. E que decerto considerou — ou deveria haver considerado — o estresse entre agentes econômicos. Decerto também medindo — e fácil não está — o pulso da sociedade impaciente.

Bodão. O mercado chiou. (A expectativa, finalmente, está baixa.) Os donos do Parlamento veem negócio.

Lula gere o tempo e dá seus recados. Foi ele quem venceu. Ele e o PT. O mercado se agasta. Esperava que a tal frente ampla eleitoral produzisse, na forma de governo, um Pérsio Arida na Fazenda. Expectativa delirante que , resulta no alívio de ao menos não ser Mantega. Esse é o jogo.

Não será Mantega, mas o manteguismo terá vez. Tampouco a PEC será essa posta. É a temporada dos bodes. Dos bodões. Os donos do Parlamento veem jogo. Lula e o PT venceram. O orçamento secreto também. Terão de conversar.

Lula pediu tudo. Tudo para fora do finado teto de gastos. Não apenas os cerca de R$180 bilhões para bancar todo o Bolsa Família a R$600, os R$150 por criança e mais o reajuste do salário mínimo em termos reais. Ainda acresceu, à última hora, uma espécie de bônus, a depender do nível de arrecadação; que poderá fazer com que o extraorçamento bata nos R$200 bilhões — e isso sem prazo para acabar. A PEC da Transição permanente.

É a demanda. O bode gordo. O bodão. Não apenas R$200 bilhões fora do teto de gastos, finado cujo corpo ainda no chão impõe constrangimentos, mas R$200 bilhões à margem do presunto e sem ano para cessar. Bodão.

Lula pediu tudo. Em resumo: a PEC da Transição apresentou-se com físico de PEC Kamikaze e pretensão a PEC da Permanência. Bode obeso no colo do Congresso. Agora, negocia-se. A PEC da Transição, com musculatura de Kamikaze e desejo de Permanência, pode ser também a da Transação. Bodão é oportunidade. O Parlamento vai lhe tratar. Será o ex-bodão.

Ou não. Negocia-se. Negocia-se o emagrecimento. É quando o vencedor do segundo turno, Lula, senta com o do primeiro: o orçamento secreto.

A turma da transição inventou o tal bônus na esperança de ser essa a gordura cortada. Será possivelmente mais. Quem iniciou a conversa falando em R$100 bilhões fora do teto — e ora se estica a R$200 bilhões — dormirá feliz com R$150 bilhões. Talvez até o mercado ronque menos. (A expectativa, finalmente, está baixa.) Esse é o jogo.

Dormirá também feliz aquele que, pedindo autorização para gastar — por fora — sem prazo, ganhar um limite que limite não será: quatro anos e nada mais. Lula pediu tudo. Mas sempre quis a eternidade possível. O mandato inteiro. Lamberá os beiços. Em matéria de governo: solução permanente.

Quatro anos para gastar — R$150 bilhões, talvez R$160 bilhões — fora do teto. Será esse o acordo? Pacheco já deu aval. E, francamente: livrando-se — livrando Lula e o PT — da necessidade, da urgência, de nova âncora fiscal. Essa é a cabeça. Para que âncora fiscal, se me derem a desancoragem como emenda à Constituição?

O teto de gastos, o vigente, está morto — repita-se. Ao se colocar a conta para fora do caixão, ano a ano, no curso de todo o mandato, pode-se deixar o presunto de lado. E daí que não faça bom cheiro?

Tampouco será bom o cheiro advindo do processo de emagrecimento do bodão, cujo volume — a gordura a lhe ser tirada — dependerá também do futuro do orçamento secreto; de modo que o bicho poderá até continuar bodão se, nas tratativas, Lula e Lira acertarem uma sociedade nas bases daquela que o presidente da Câmara firmara com Jair Bolsonaro. Esse é o jogo. Negocia-se.

Bodão. Ex-bodão. Ou não.

Há muito investimento em jogo. E se tem dado pouca atenção a isto: aquele montante posto para fora do orçamento de 2023 — levando em conta a integralidade mesmo do previsto para o Bolsa Família de R$400, pouco mais de R$100 bilhões — significará espaço fiscal liberado no orçamento. Grana parruda, sim, para a recomposição do Farmácia Popular, entre outros programas aterrados por Bolsonaro; mas também para a reativação do velho PAC, nova superfície potencial para o esparramamento do orçamento secreto. Esse é o jogo. Tem jogo. Há muita aceleração em jogo. Muita oportunidade de investimento.

O Parlamento, aprovando a PEC, liberará esse tremendo espaço fiscal sem exigir detalhamento orçamentário? De novo: o grau de exigência dependerá de como o orçamento secreto se converterá em instrumento para a governabilidade. Dependerá — eis como se impõe o mundo real — de o orçamento secreto ter vez nos bilhões desenrolados. Tem jogo.

O bodão dificilmente será bodinho.

E O ORÇAMENTO SECRETO?
28/11/22

É preciso lembrar que o orçamento secreto não acabou. Não acabou com a derrota eleitoral de Jair Bolsonaro. Por que vai subitamente esquecido? Não ficou de repente menos grave. Não pode haver se tornado, de ontem para hoje, admissível. Criado por Bolsonaro — cuja assinatura no contrato pactuou a sociedade entre o governo e o consórcio parlamentar que tinha em Ciro Nogueira, senador feito ministro, o embaixador — o orçamento secreto não acabou.

Está aí. Nunca tão influente. Adensando-se no ocaso do governo. Tornando-se incontornável para a ascensão do próximo.

O orçamento secreto. Um dos grandes vencedores da eleição, sob as barbas do Supremo Tribunal Federal. O maior vencedor do primeiro turno, impondo-se aos cálculos políticos — sim, temos isso — de nossa Corte Constitucional. Grande vitorioso e também grande eleitor. O orçamento secreto. Reelegeu-se, como sistema de controle de poder concentrado, e reelegeu o Parlamento. Reelegeu o esquema autoritário que reelegerá Arthur Lira presidente da Câmara.

O orçamento secreto. A distribuição de bilhões de dinheiros públicos nas mãos de pouquíssimos — Rodrigo Pacheco incluído. Distribuição de bilhões sob indicação obscura de patronos apadrinhados pelos senhores do Congresso — definição, ao mesmo tempo, de compra de votos no Parlamento e na ponta, e de péssima qualidade no gasto público. Grana que chega ao município, elege desequilibrando as disputas e estabelece os feudos, não gera obra permanente, apenas empresas, inaugurações e fotos, e, não raro, se derrama na modalidade propina.

Está aí. Enraizado. O orçamento secreto. Agente oculto — mais ou menos oculto — que condicionará o regime, o grau de emagrecimento, da PEC da Transição. Vem dando as cartas. Dita o ritmo das negociações e dá estatura imperial a Lira. Será, tudo mais constante, instrumento de governabilidade para Lula. Ser-lhe-ia compulsoriamente, houvesse resistência. Será — o mundo real se impõe — ferramenta incorporada pelo novo governo, talvez para que se firme sociedade como aquela que comprou para Bolsonaro a PEC Kamikaze.

Será, se o Supremo não agir. Não há mais — não a esta altura — como desmontar o bicho, senão sob a declaração de sua óbvia inconstitucionalidade. A emenda do relator, frontispício para o exercício do orçamento secreto, é multiplamente inconstitucional. O STF tem de matar o mecanismo que hoje — muito mais que quaisquer fake news — depaupera, desestabiliza, a República.

Bolsonaro foi competitivo — e poderia ter vencido a eleição — não por efeito de gabinete do ódio, mas como consequência da derrama contratada pelo orçamento secreto. O STF tem de agir, ou nem o tribunal será capaz de fulminar o monstro. E que não nos venham os ministros com modulações. Com jeitinhos. A armadilha da acomodação — para que a coisa permaneça — está posta. Discurso ensaiado; para que se finja mudanças, ajustes cosméticos, que não tocarão no fundamento antirrepublicano do vício.

A armadilha: concentrar o enfrentamento no caráter secreto do troço, atacar somente a falta de transparência, ignorando — deixando passar incólume — a gravidade imensamente maior de o dispositivo consistir em gestão para que os donos do Congresso distribuam exclusivamente aos seus, por ano, cerca de R$20 bilhões do Orçamento da União.

Aliás, em matéria de transparência, o Parlamento já deu — sinto muito — uma banana ao Supremo, atropelado, desmoralizado mesmo, quando colheu por resposta a uma determinação sua, por publicidade, a criação, pelo Congresso, de novas fachadas para dificultar a identificação dos padrinhos das emendas. Esculacho.

Até hoje os comandos das casas parlamentares não entregaram — desrespeitando ordem do STF — uma lista completa com os deputados e senadores que indicaram verbas via orçamento secreto. Ao contrário, criaram, por exemplo, a figura do tal usuário externo, a formalização do laranja na destinação de dinheiros públicos. Esculacho.

O que espera o STF?

Qual o cálculo político — ai, ai — de agora no Supremo? Esperarão que se vote a Lei Orçamentária Anual, em que vai contido o orçamento secreto, para só então se mexer? Esperarão que a coisa ganhe mais um ano de formalização, mais uma camada de complexidade, para cuidar dessa perversão?

Sinceramente, o que produz hoje o Supremo, senão palco para a onipresença de Alexandre de Moraes?

Que não se tenha dúvida: a maneira de o STF dar respostas consistentes à sociedade desconfiada — descrente da tessitura institucional — está em se esvaziar dos ímpetos monocráticos e enfrentar matérias constitucionais em sua forma plenária. A bola está quicando.

Há quanto o tribunal não dirige um julgamento de grande tema constitucional em seu colegiado? Está na hora. Que seja para se expressar impessoalmente contra o orçamento secreto. A República agradecerá, embora não seja favor.

BARÃO CIRO CASTRO ALCOLUMBRE
5/12/22

Embaixador do orçamento secreto no Planalto, senador fazendo as vezes de ministro, Ciro Nogueira, bolsonarista recente, habituou-se a publicar mensagens cifradas com referências ao correr do tempo, sugerindo um prazo — tique-taque, tique-taque, tique-taque. Mas será ele a ter de se aviar. O governo Bolsonaro acabou. Seu partido, o PP, quer voar.

Voar significa independência. Liberdade para ouvir o canto do novo esquema de poder. O novo esquema é velho. As turmas se conhecem e já comerciaram. Ciro Nogueira esteve lá. Não agindo o Supremo, e não agindo para acomodar, o novo esquema de poder — velhos, os vícios — terá por base de governabilidade o já assentado esquema do orçamento secreto.

As negociações pela aprovação da PEC da Transição, que são tratativas também pela permanência do vício, oferecem muitas possibilidades. As transações pelo tamanho do corpo da PEC, operações também pela reeleição do deputado Arthur Lira à presidência da Câmara, convidam a muitos bailes. A turma gosta de dançar.

O mundo real se impõe. Rei morto, rei posto. Reis postos. Lula, presidente eleito, e Lira, o "imperador do Japão", senhor maior da modalidade de emenda cuja natureza autoritária das distribuições anabolizou a fachada do relator. Aliás: atenção ao relator-geral do orçamento da vez. Já cuidarei dele.

O Japão tem nada com isso. Arthur Lira impera no Brasil mesmo, uma República. Não que Nogueira não seja poderoso. É proprietário do partido de Lira, cuja presidência logo reaverá, e esteve no centro de controle concentrado de poder a partir da gestão do orçamento secreto, conforme a perversão inaugurada em 2020. Ocorre que o arranjo circunstancial não lhe é confortável.

Terá sido o único, entre os poucos donos do Orçamento da União, derrotado em 2022. Muito comprado em ações de Bolsonaro, precisará administrar a adesão acelerada de parte robusta de seu partido — Lira assim deseja — ao governo Lula; isso enquanto testa o ritmo com o qual ele próprio, Nogueira, poderá compô-lo. São marchas diferentes. Levará mais tempo, mas encontrará o caminho. Sempre encontrou.

Até lá, pagará com significativa exclusão das fluências orçamentárias. A começar pelo orçamento de 2023. Minguará — é a tendência. O relator, subimperador do ano, é o senador Marcelo Castro. Do Piauí. Do MDB. Ingênuo seria pensar que não aproveitará a situação. A do poder que ora detém — para privilegiar seus feudos eleitorais — frente ao raro esvaziamento potencial do conterrâneo.

Castro é um dos personagens que ascendeu neste período de transição. Entendeu perfeitamente onde está — viu como procederam Domingos Neto, Marcio Bittar e Hugo Leal, seus antecessores — e a que alcance de influência regional pode almejar, derrotados Bolsonaro e Nogueira. Daí por que não se vexou em dar a letra: não haveria tempo agora — afirmou — para o Congresso alterar as regras sobre a administração das emendas do relator. Como consequência, claro, o orçamento secreto estaria — estará, Supremo? — no orçamento que relatará. Serão cerca de R$19 bilhões.

Por que o sistema mudaria logo na sua vez, né, senador?

Foco na aprovação da PEC da Transição. Certo? A tessitura, a partir do Senado, também colabora para a reeleição de Rodrigo Pacheco. Está tudo amarrado ou em vias de amarração. Lula, que conversa com Lira, já não maldiz o orçamento secreto. Mexer no complexo das emendas de relator será mexer no equilíbrio das forças parlamentares. O Congresso jamais o faria. Terá coragem — coragem de ser Corte Constitucional — o STF?

Lula também conversa — tem conversado — com ministros do Supremo. Seria ingênuo pensar que o STF não modulará o julgamento das ações de inconstitucionalidade para que o bicho inconstitucional sobreviva de alguma forma. Qual?

Lula já conversou com Davi Alcolumbre. Sabe o que o presidente da CCJ do Senado quer. Sabe também que o homem é capaz — lembremos do que fez até votar a indicação de André Mendonça ao STF — de criar dificuldades. Que não lhe cortem os fluxos e as superfícies. Lula quer que a PEC passe rapidamente pela comissão. O presidente eleito falou igualmente com Elmar Nascimento. Sabe o que o deputado controla. Lula quer que a PEC tenha apoio maciço do União Brasil, partido de ambos, que deseja em sua base de sustentação legislativa.

Para o caso de as conversas não serem tão persuasivas, o governo de transição jogou iscas. Plantou que pretende limitar a extensão da Codevasf, campo preferencial à materialização dos dinheiros do orçamento secreto, companhia cujo presidente é apadrinhado de Nascimento, empresa cuja zona de cobertura transbordou dos rios São Francisco e Parnaíba até cobrir o Amapá de Alcolumbre.

Tutor atual do FNDE e duque na máquina federal, Ciro Nogueira também tem patrocinados na Codevasf. Tique-taque, tique-taque, tique-taque.

AGRADAMENTOS ALCOLÚMBRICOS

12/12/22

A PEC da Transição, conforme aprovada no Senado, é obra-prima da acomodação. Contempla a todos. Amarra tudo. (Amarra também o Supremo, não sem contemplar os ministros que fazem cálculos políticos.) Daí por que avance tão rapidamente. Resolve o orçamento do governo Lula, encaminha as reeleições de Arthur Lira e Rodrigo Pacheco às presidências das casas legislativas, assegura as emendas dos alcolumbres e faz fechar as contas de Bolsonaro.

Um arranjo perfeito.

A perfeição oportunista do bicho se pode medir no puxadinho que projetará cerca de R$23 bilhões para fora do teto de gastos, espécie de bônus a depender do nível de arrecadação. Com efeito já para 2022, a gambiarra ao mesmo tempo permitirá que Bolsonaro evite a paralisação da máquina e que Lira e Pacheco honrem os compromissos bilionários em emendas parlamentares ao orçamento secreto. As granas estavam bloqueadas. Agora vão andar. Andando, farão rir. A boiada passa. Ficam todos felizes.

O lance é o fluxo. A fluência do fluxo. Não interrompa o fluxo — e a mágica acontece. A PEC é a da continuidade do fluxo. Da transição sem traumas.

A PEC da Transição é, antes e acima de tudo, a da manutenção de um esquema de poder. É, usando a urgência da tragédia social brasileira, engenharia para que a troca de governos sustente e até amplie o sistema antirrepublicano que produziu o orçamento secreto.

Pode-se armar a cena de resistência que for e vender que sairá mais caro. Não convence. O projeto andará celeremente também na Câmara. Há acerto. Donde a confiança em que será aprovado sem modificações. Note-se que o relator-geral do orçamento tem seu parecer pronto e o apregoa mesmo antes de a PEC estar aprovada. Tem o orçamento para 2023 preparado antes da aprovação da emenda à Constituição que lhe daria — dará — viabilidade. Tem o orçamento encaixado e divulgado já prevendo os bilhões com que a PEC o inflará. É muita certeza.

Há outros sinais emitidos. Lira está a fim. Mandou atropelar o rito e apensar a PEC a outro projeto já com tramitação avançada. Irá diretamente a plenário. E se fala no deputado Elmar Nascimento, senhor da Codevasf, para relatá-la. Se não for

Elmar, será um elmar. Será rápido. O orçamento, engordado pela PEC, poderá levar os vales do São Francisco e do Parnaíba para muito além de seu já fabuloso esticamento até o Amapá. A PEC já passou.

O código para o acordo está no volume de espaço fiscal liberado pela elevação do pé-direito do teto de gastos. Os R$145 bilhões pagarão — com sobras — o Bolsa Família a R$600, os R$150 adicionais por criança de até seis anos, o aumento real do salário mínimo e as recomposições dos programas Farmácia Popular e Minha Casa, Minha Vida. Com sobras.

Atenção às sobras.

Está dito que outras áreas prioritárias para a alocação dos dinheiros serão infraestrutura e investimentos em geral — algo tão vago quanto o necessário para obras Brasil adentro e aquisição de equipamentos Brasil afora. Eis a música. A turma embarca. Nada muda.

A PEC da Transição oferece muitas oportunidades a emendas parlamentares e contém até um plano B para o caso de o Supremo declarar a inconstitucionalidade do orçamento secreto. O texto, por exemplo, amplia o poder do Parlamento sobre a alocação de recursos ao permitir que as comissões permanentes solicitem ao relator-geral a destinação de dinheiros que ficarão livres no orçamento. Amplia, a rigor, o já imenso poder do relator sobre o destino das gorduras.

Prevenção que me parece desnecessária. Note-se que o relator-geral do orçamento preparou sua proposta prevendo não apenas os bilhões ainda não aprovados da PEC — mas também incluindo os bilhões para emendas do relator, a fachada para o exercício do orçamento secreto. Está confiante em que tudo fique mesmo como está. Ou talvez ainda melhor. Com orçamento secreto e ainda outros dinheiros para emendamentos — agrados alcolúmbricos — que aprofundem a governabilidade de Lula.

A PEC da Transição, sem dúvida, pacifica.

PARA ENGANAR O SUPREMO

13/12/22

Já está na pista o Projeto de Resolução do Congresso Nacional por meio do qual Arthur Lira e Rodrigo Pacheco pretendem convencer o Supremo de que o Parlamento transformará a emenda do relator — fachada para o exercício do orçamento secreto — em instrumento transparente e impessoal.

O troço só enganará os dispostos. É armadilha. Erguida justo quando o tribunal passa a tratar do bicho.

Registre-se que se trata de nova tentativa de enrolar. Na primeira, diante de determinação do STF para que se desse transparência aos patronos das emendas, Senado e Câmara ofereceram meia transparência e criaram a figura do "usuário externo" — camada de laranjas alternativa que continuaria a turvar o acesso aos verdadeiros padrinhos das destinações.

É curioso que a turma venda agora como movimento por transparência a supressão de uma figura — o usuário externo — que criaram para driblar a exigência anterior por transparência. Que tal?

E escrevo isso mesmo sem estar claro, no texto da resolução, que o usuário externo tenha sido mesmo extinto. Tenho dúvida. A redação, afinal, diz que o relator poderá realizar indicações oriundas exclusivamente de propostas cadastradas por parlamentares, as quais — atenção aqui — "podem ser fundamentadas em demandas apresentadas por agentes públicos ou por representantes da sociedade civil". Não fica claro se a figura cairá de fato. A ver.

Claro fica que a nova tentativa de embuste cria uma espécie de "usuário interno".

Para além das fachadas do relator-geral do orçamento e do presidente da Comissão Mista do Orçamento, que poderão indicar até 5% do montante, formaliza-se que até 7,5% do total serão de destinações apontadas pelo comando do Senado. Idem, na Câmara. Para que não se tenha dúvida do interesse de Pacheco e Lira nas emendas do relator, eles — beneficiados desde sempre — se incluem explicitamente no rachuncho.

Mais absurda do que o estabelecimento de cotas orçamentárias para Pacheco e Lira é a definição — atenção ao escândalo — do critério "proporcionalidade partidária" para indicação de emendas ao Orçamento da União. Até 23,33% no Senado.

Até 56,66% na Câmara. Quanto maior a representatividade do partido no Parlamento, maior a fatia para seus deputados e senadores.

Maior a fatia para, a rigor, os donos dos partidos. Para os que já são senhores autoritários das distribuições. Ciro Nogueira, Lira, Valdemar Costa Neto... Um reforço. A jogada torna os líderes partidários, representantes dos gestores do Congresso, fachadas — os próprios usuários internos — para o movimento obscuro do orçamento secreto. É assim que se propõe dar transparência, pondo os líderes como biombos?

É assim que se propõe estabelecer a impessoalidade? Dando aos partidos — aos proprietários dos partidos, os que já dominam as emendas — o poder de destinar emendas? Chegamos lá. Orçamento secreto e — por que não? — dublê de fundo partidário.

Há uma beleza final. Coisa fofa. A resolução diz que no mínimo 50% do montante será alocado para ações e serviços públicos de saúde ou de assistência social. A justificativa faz rolar lágrima: "essa determinação servirá como forma de o Congresso Nacional auxiliar a União no cumprimento do mínimo constitucional dos gastos com saúde (...)."

Considerando o que dispõe a Lei Complementar 141 sobre a forma de distribuição de recursos do SUS, assim como os artigos 195 e 198 da Constituição, e o que se tem visto em matéria de péssimo gasto público em saúde via orçamento secreto, temos um esculacho.

PEC DO ORÇAMENTO SECRETO

20/12/22

O relator da PEC da Transição, Elmar Nascimento, senhor da Codevasf, levantou em seu parecer um puxadinho para que o orçamento secreto mantenha espaço. O truque se assenta na conversa fiada de partilha do bicho. Apregoou-se que aqueles quase R$20 bilhões designados às emendas do relator — e que estavam no vácuo para avanço dos oportunistas — seriam igualmente divididos entre parlamentares e Executivo.

Né? Foi isso o propagado.

A leitura do texto mostra que não será bem assim. O Congresso leva a sua bolada, expandida — e ainda poderá formalmente se espalhar sobre a do governo, com pinta de ser fachada.

Atenção ao rachuncho, que atende ao Supremo debochando do Supremo. A jogada é engenhosa porque transfere a lógica operacional da emenda do relator, proibida pela Corte, para o montante que cabe ao governo. Cabe ao governo, donde esvaziada a emenda do relator, em atendimento ao STF; mas — driblando o STF — sob designação de destino pelo relator-geral do orçamento.

É, portanto, o mesmo mecanismo do orçamento secreto.

Migra-se o abrigo dos dinheiros de RP9 para RP2, do Congresso para o Executivo, mantida, porém, a relação não impositiva — base para uma nova sociedade entre governo e consórcio parlamentar, como havia com Bolsonaro — segundo a qual o relator indica, exercendo poder e armando biombo para apadrinhamentos desconhecidos, e o Planalto pode ou não liberar a grana.

Em resumo: parlamentares continuarão, com aval do governo, a patrocinar destinações orçamentárias sem ser identificados, sob a assinatura do relator-geral; os donos do Congresso manterão poder autoritário sobre as distribuições; e o Executivo guardará meios de soltar os recursos conforme seus interesses. Vencidos — mais uma vez — os princípios constitucionais da transparência, da impessoalidade e da eficiência no gasto público.

Dou vez ao cínico para que diga que se terá progredido no combate ao orçamento secreto, cujo volume teria diminuído pela metade. Dos R$19,4 bilhões previstos originalmente, ora, ficaram — apenas — R$9,7 bilhões. Talvez mesmo um sinal de que esse regime de emagrecimento apontaria para o fim do vício na LDO de 2024. O cínico precisa do crente.

Claro que o deputado Elmar, aliado de Arthur Lira na gestão do Orçamento da União, não erigiu a gambiarra — negociada da noite para o dia e embutida, numa emenda à Constituição, sem qualquer debate — senão em acordo com a equipe de Lula.

Não sei se o acordo, afinal, será bom para o novo governo. É verdade que leva os bilhões para muito além do necessário ao custeio do Bolsa Família. No entanto, a redução dos efeitos da PEC para somente um ano, em vez dos dois pedidos, exigirá que o presidente logo tenha de negociar, nessas bases famintas, por 2024; enquanto o Parlamento sai da rodada, para além do arranjo pela reinvenção do orçamento secreto, com poderoso aumento nas chamadas emendas individuais, impositivas. E daí para a frente, para cima... Mordida vem para ficar.

O troço é espantoso.

Da cota de cerca de R$12 milhões por deputado, sobe-se a pouco mais de R$32 milhões. E cada senador terá R$59 milhões — contra anteriores R$39 milhões. Cinquenta e nove milhões de reais! Está ou não reeleito Rodrigo Pacheco, o estadista?

A turma aprovará, tudo o mais constante, a PEC da Transição — com alcance para somente 2023. Junto, coerentemente camuflada, formalizará também a PEC do Orçamento Secreto.

O ORÇAMENTO SECRETO CONTINUA

26/12/22

Atenção ao artigo 4o da Lei Orçamentária Anual de 2023. A redação final confirma o que se desenhava desde o parecer de Elmar Nascimento — atenção também a esse personagem — para a PEC da Transição. Que, movendo-se, a estrutura operacional do orçamento secreto permaneceria, driblado o Supremo Tribunal Federal.

Para os que ainda tinham dúvida, aprovada a emenda à Constituição que resolveu o fim do governo Bolsonaro e o início do de Lula, a LOA confirma: a PEC também assegurava tranquilidade às reeleições de Arthur Lira e Rodrigo Pacheco, mantido o sistema autoritário e obscuro do orçamento secreto e, claro, contornado o STF.

Esta é a constante: fintado o STF. A LOA confirma.

O relator-geral do orçamento, Marcelo Castro, é objetivo e transparente na jogada. Informa-nos — por meio de gato à lei orçamentária — que não seria na sua vez que a figura que ora encarna, agente-pivô no exercício do orçamento secreto, teria seu poder esvaziado. Era previsível. Que se ajeitaria para que nada mudasse.

O homem deu um jeito. A segunda complementação de voto que armou formaliza a gambiarra que acusáramos ao vedar o cancelamento, sem aval do relator, de dotações de despesas discricionárias que decorram de indicações do relator; e assim dispondo — avalie-se — sobre dinheiros que caberiam ao Executivo.

Viva o relator!

O puxadinho é obra-prima. No acordo pela PEC da Transição, e já estava dado o que viria a seguir, costurou-se para deslocar quase R$10 bilhões, outrora sob emenda do relator (rubrica RP9), às chamadas RP2, sob guarda do Executivo, explicitado, no entanto, que a destinação dos recursos ficaria sujeita a indicações apresentadas pelo relator-geral do orçamento. A brecha tinha texto nada oculto.

O desenho estava traçado na PEC. E o relator-geral então veio, aos 48 do segundo tempo, para preencher o espaço e colorir a cousa na lei orçamentária. Venda casada. A grana vai para RP2, rubrica, no papel, sob gestão dos ministérios, morta a emenda do relator e atendido o Supremo. Na prática, não poderá ter distribuição dirigida pelo governo senão com o aval do relator.

Cumpre-se o estabelecido pelo STF ludibriando-se o estabelecido pelo STF.

A grana vai para RP2, sob o que seria controle formal do governo, mas não poderá ser designada pelo governo. Castro fixou que a destinação de verbas deslocadas para sob as asas do Executivo mantenha o rachuncho definido pelos donos do Congresso antes de o Supremo haver declarado a inconstitucionalidade das emendas do relator.

É um esculacho. O homem, porém, não agiu (não esculachou) sozinho. Tem lastro. Isso é engenharia de sociedade. Sendo óbvio que o gabinete de transição — que Lula — concordou com a manobra. Uma solução pela governabilidade. Né?

Afinal, o relator minou a discricionariedade do governo na administração de cerca de R$10 bilhões que um acordo — pela aprovação da PEC, certo? — teria transferido ao Executivo; e minou de modo a manter sob direcionamento do Parlamento, relator como fachada, o futuro dos dinheiros.

Seria — lógica elementar — quebra de palavra; isso se o acordo não fosse exatamente por esse fim. Não há bobos nem traídos. Também porque, cabendo a execução das emendas aos ministérios, o governo guarda o controle — o tempo — das liberações. Um amarrando o outro. A mesma estrutura de atividade do orçamento secreto.

Verbas realocadas, finada a emenda do relator, para as mesmas destinações apontadas pelo Parlamento quando ainda funcionava a emenda do relator. Verbas realocadas, finada a emenda do relator, para o que seria cota dos ministérios — proibidos os ministérios, na LOA, de alterar o destino das emendas, cabendo-lhes, contudo, soltar as pratas. A mesma estrutura de exercício do orçamento secreto.

A negociação pela permanência do esquema é séria, profissional mesmo, conforme exibe a possibilidade do supracitado Elmar Nascimento se tornar ministro da Integração Nacional.

O deputado, relator da PEC da Transição na Câmara, parceiro de Lira na solução pela continuidade do orçamento secreto, é senhor da Codevasf, uma das superfícies preferenciais para a aplicação da bufunfa do orçamento secreto, companhia que provavelmente ficará sob o Ministério da Integração Nacional, pasta que teve, ainda na forma atual de Desenvolvimento Regional, orçamento robustecido com a expansão fiscal promovida pela emenda à Constituição relatada por Nascimento.

Ciclo perfeito, perfeitamente fechado. Pura arte.

Faltaria ainda, por justiça a essa pintura, um ministério para Davi Alcolumbre, aquele que fez os vales dos rios São Francisco e Parnaíba chegarem ao Amapá. O União Brasil — a união pelo Brasil! — merece.

ESQUINAS OBSCURAS DO BRASIL

23/1/23

Não havia condições para golpe. Mas é preciso atentar para a percepção — o imaginário — dos milhares que se moveram contra a República. Viviam — vivem — num cosmo em que aquele ataque, a captura dos palácios, seria gancho para a tomada do Estado pelos militares.

Eram milhares ali; e milhões os que — sob graus variados de exposição ao discurso delirante — tinham contato diário com a pregação de que a derrubada do sistema, submetidos os Poderes, estaria próxima.

Não havia condições materiais para golpe; mas estavam emitidos os sinais à confiança em que a intervenção militar viria, o próprio estímulo a que os destruidores progredissem. Não ficariam sozinhos. O Exército logo chegaria. Essa era a fé.

Braga Netto — logo, Bolsonaro — não cifrara a que não perdessem as esperanças? A existência dos acampamentos, nas barbas dos quartéis-generais, era indicativa de que o apoio militar não faltaria na hora decisiva. Por meses, o comando do Exército abrigou e protegeu, em área militar, um universo paralelo golpista que incubaria até célula terrorista.

E ao Exército — para robustecer a fortaleza encorajadora na mente golpista — somava-se a Polícia Militar do Distrito Federal, a de Ibaneis Rocha e Anderson Torres (Bolsonaro, logo). Eram muitas e múltiplas as mensagens de que havia retaguarda. Especificamente no dia 8, a forma como, conduzidos pela PM, os invasores puderam vencer as linhas de defesa dos palácios mostrava que linha de defesa não existia.

O acampamento em Brasília continuou intocável, entrincheirado pelo Exército, mesmo depois de terroristas — com trânsito ali — haverem tentado explodir caminhão carregado de querosene no aeroporto.

O raciocínio era simples e atraente: se os militares nos franquearam a segurança da porta dos quartéis, e se nos protegiam e facilitavam o avanço à festa de Selma, por que não estariam conosco quando enfim conquistássemos os prédios? Tomaríamos os espaços, o governo reagiria e eles garantiriam a desobediência e a implantação do novo regime. Essa era a cabeça.

Tudo isso tinha lastro nas comunicações — alucinadas para nós — que circulavam no zap profundo. Um sistema de crenças que impulsionou aquelas gentes a invadirem Supremo, Congresso e Planalto; este último assaltado, portas abertas, sem a mais mínima defesa da guarda presidencial.

Um sistema de crenças mirabolante impulsionado por — atenção — gestões bem concretas.

Ou não teremos visto o Exército, canhões em riste, formar barreira contra o Brasil, de modo a garantir que os golpistas pudessem voltar ao acampamento livres do alcance imediato da polícia então já sob intervenção?

Os golpistas delirantes evoluíram sob estímulos reais. Daí por que os riscos continuem. Eis o contexto que forja o dilema sobre criticar a atividade de Alexandre de Moraes.

Se os riscos permanecem, como lhe botar reparo? Os acampamentos acabaram. Mas continuam. Vão acampadas milhões de mentes. E será ingenuidade supor que a dissolução física significaria desmobilização e falta de suporte em círculos militares.

Penso, porém, que precisamos — ainda que sob apedrejamento — tratar da operação de Moraes.

Tenho dúvidas sobre se a administração do ministro evitou cenário pior — como parece convencionado — ou deu corpo ao inimigo fácil de que o bolsonarismo precisa. Talvez as duas coisas. Fato é que, mesmo com os inquéritos, o 8 de janeiro ocorreu — com financiadores e facilitadores desinibidos.

A situação é inquietante. Convida à paralisia; ao não enfrentamento público de preocupação honesta. Afinal, houve as invasões. Como criticar as decisões de Moraes? Aquele domingo as legitimaria.

Compreendo, entretanto, que o modo como o juiz combate o problema, por grave e urgente que seja, contrata um problema — de tamanho imensurável — para o futuro. Aprendi com a Lava Jato. E lembro que, no inquérito dito das Fake News, de objeto em constante transformação, Moraes mandou — ainda em 2019 — censurar uma revista que reportara passagem desgostosa para Dias Toffoli. Não foram poucas as vezes em que se excedeu desde então.

Na hipótese preponderante em que se admite — o STF admitiu formalmente — que circunstância excepcional autoriza medidas de exceção, seria necessário ao menos a prudência de avaliar-projetar como se pousará a geringonça. Será possível aterrissar? Voltará o gênio à lâmpada, uma vez investido — pela covardia do Estado — de ser as instituições contra o capeta? Os riscos continuam.

Muitos dos atos de Moraes são inconsistentes com a Constituição que pretendem proteger. E o impasse, que planta a angústia, é que o mesmo que defende a democracia revela e alimenta o espírito do tempo autoritário.

A desejada volta à normalidade exige que olhemos para isso. Para os precedentes que vão plantados; a que togados outros — por causas que democratas considerem menos virtuosas — ajam. Não nos esqueçamos de que, tal e qual o guarda, há o juiz nas esquinas obscuras do Brasil.

INSÔNIA

26/1/23

Divulgada a pauta do Supremo para 2023 — sem temas, digamos, controversos. O objetivo — controverso, para ser generoso — seria o mesmo de 2022: esvaziar o STF do protagonismo político. O objetivo seria o mesmo que não deu certo no ano passado.

O Supremo não julgou grandes temas e não saiu do centro das atenções.

É mesmo fantástico que uma Corte Constitucional pretenda se afastar do front político (em que se colocou) escolhendo sua agenda sob critérios políticos; e isto enquanto sustenta a delegação que investiu Alexandre de Moraes de ser o Supremo.

Não tem como dar certo.

A chance, porque fácil não será, de o STF voltar a ser simplesmente um tribunal constitucional — e não veículo para gestões políticas — passa obrigatoriamente por um choque de plenário e pelo enfrentamento colegiado de matérias constitucionais.

Fugir de tratar, por exemplo, da demarcação de terras indígenas — enquanto serve de plataforma para atividades monocráticas — é não apenas se comprometer com a lógica do cálculo político, mas com uma dinâmica de atividade política que já se mostrou fracassada, se for mesmo a intenção a de tirar o Supremo da ribalta política.

Para evitar o embate político, o STF faz política (ruim) e se enfraquece; ao não cuidar, colegiadamente, do último indulto de Natal de Bolsonaro — por exemplo. Idem no caso do perdão presidencial a Daniel Silveira. O Supremo não trabalha em casa, fazendo o dever de casa, cuidando de seus fundamentos, e se deixa levar, sob personalismos, para a briga de rua — em que só apanhará.

O expediente da "pauta adormecida" para tirar as atenções do Supremo oferece, ao contrário, o palanque — a vitrine, a vidraça — do STF para atos individuais de ministros. Efeito reverso. A tática da "pauta adormecida" só produz insônia.

LIRA LÁ

30/1/23

Tudo o mais constante, a Câmara reelegerá Arthur Lira presidente. Será devastador para a democracia representativa. Que, numa quadra em que o Parlamento vai desafiado por grupos influentes eleitos sob a agenda antissistema, reeleja-se um agente autoritário cujo exercício truculento do poder conjugue modos variados de dilapidação da atividade legislativa e, pois, favoreça o progresso da prática antipolítica que corrói a República.

Lira presta serviço à mentalidade autocrática. Destrói por dentro, em resumo. Deriva desse *modus operandi* a afinidade que, mais até do que a relação utilitária em função do orçamento secreto, deu fluência à sociedade que manteve com Jair Bolsonaro.

Lira mina o Parlamento. Não faz política. Decide. Atropela. Cada vez com menos resistência. Porque distribui. O que sobrar, esmaga. É um presidente da Câmara, a arena em essência para discussão e dissenso, cuja força provém de controle orçamentário sem igual, materializado no aterramento sem precedentes de mecanismos regimentais de resistência — existência — de oposições e, portanto, na imposição sumária de agendas.

Um presidente da Câmara cujo rolo compressor provém de poder orçamentário sem igual, com cuja distribuição acelera para imperar, rebaixados os pares, a cada dia menos e menores os quebra-molas. Um presidente poderoso de uma Câmara esvaziada de caráter, percebida pela sociedade como alcova para benefícios próprios e de pouquíssimos. O paraíso para a prosperidade de elmares e dos populistas.

Lira tratora ritos. Tritura comissões. Aprova no dia seguinte. E depois cobra. Forma maiorias distribuindo milhões de orçamentos secretos. É como convence. É como se reelegerá.

E depois cobra — veremos a partir de 2 de fevereiro. Haddad quer reforma tributária? (Se Renan Calheiros tem um ministério, e para o filho, e logo um de alcance como o dos Transportes, quererá dois. Parece clichê. Óbvio demais. Não é. E, mesmo que leve, negociará superfícies do Estado a cada votação.)

Fala-se em reeleição avassaladora, com quatrocentos ou mais votos entre 513 deputados. Será coerente: reeleito sobre o rolo compressor com o qual amassa a Câmara. Reeleição gloriosa, que legitimará a desqualificação acelerada do Parlamento, um chão de josimar-maranhãozinhos. Reeleição gloriosa, numa Câmara de gestores paroquiais de codevasfs, obra da máquina cuja operação empurra para a alarmante ausência de adversários.

É preciso mesmo atentar para uma Casa legislativa cuja eleição tenha por único desafiante, na figura de Chico Alencar, um anticandidato. Alguém mais? O que isso quererá dizer?

O que significará — para a democracia representativa no Brasil — uma eleição à presidência da Câmara, a Casa da política, cujo candidato à reeleição, sem muito esforço, navegue uma "frente ampla" capaz de reunir, em 2023, menos de mês depois do 8 de janeiro, bolsonaristas e petistas?

Menos de mês depois do 8 de janeiro.

Menos de mês depois do 8 de janeiro, e avançamos para a calma reeleição de Arthur Lira, apoiador de Bolsonaro, à presidência da Câmara.

O que lhe parece?

Penso no caso do deputado federal reeleito Juscelino Filho, do União Brasil, feito ministro das Comunicações por Lula. O *Estadão* informou, ontem, que ele apadrinhou — coisa dos tempos de Bolsonaro no Planalto — R$5 milhões em orçamento secreto para o asfaltamento de estrada que alimenta a própria fazenda, em Vitorino Freire, no Maranhão.

Município, feudo da família, ao qual, em orçamentos secretos, já destinou cerca de R$16 milhões, do total de R$50 milhões identificados como sob seu patronato. Município que ora tem por prefeita a irmã do ministro, que contratou construtora de um amigo do ministro para fazer a pavimentação, obra cujo parecer autorizando o valor orçado foi assinado por engenheiro indicado pelo grupo político do ministro...

Parte do dinheiro já foi liberado, sob Bolsonaro. Liberará, o governo Lula, o restante? Porque, como já expliquei em detalhes, a estrutura operacional do orçamento secreto foi, sob nova fachada, mantida na aprovação da LOA de 2023. Liberará, presidente Lula?

Lula também firmará sociedade com Lira?

Já firmou?

Donde a outra questão: por que um parlamentar inexpressivo como Juscelino Filho se tornaria ministro de pasta com orçamento robusto? Por que, senão graças ao poder que conquistou como grande beneficiário do orçamento secreto? Juscelino Filho ministro é elogio ao sistema do orçamento secreto. Será também símbolo da adesão? A execução orçamentária nos dirá.

O que nos dirá, paixões à parte, juscelinos em mente, a reeleição pacificada de Arthur Lira à presidência da Câmara, menos de mês depois do 8 de janeiro?

A MULTIPLICAÇÃO DOS FACILITADORES

6/2/23

O governo Lula parece querer se associar ao consórcio parlamentar liderado por Arthur Lira. Talvez não haja mesmo, não agora, alternativa. Ao mesmo tempo, talvez porque não lhe confie, trabalha para conquistar para si — independentemente de Lira — parte da bancada de Lira.

É jogada arriscada, que se dá num equilíbrio tenso, em que não faltam desconfiados. Todos têm razão. A tensão faz subirem os preços. Os deputados, por óbvio, são os mesmos. Teríamos uma sobreposição de bases. Lira tem uma. O governo quer agradá-lo. Quer também, para si, costela dessa base. A conta é cara e não fecha. Não há costelas para todos. O governo quer uma saída.

O Planalto quer Lira, mas quer também fatia da base de Lira — sem Lira. A sobreposição, projetada no porvir: o Planalto quer Lira já, com o que ganharia tempo, mas quer também, em conquista progressiva, porção da base de Lira, de modo a poder prescindir de Lira.

Não sei se funcionará. Sei que a existência de Lira depende de centralização. Ele define o presidente da Câmara — se define — como um facilitador. O homem faz o trânsito. Para rir, tem de fazer rir. Serviu bem ao estilo Bolsonaro, inclusive porque o ex-presidente desprezava o Parlamento.

Servirá a Lula?

Lira é aquele, informam os jornais, que não pretende fazer oposição, mas que está sempre, informam os jornais, contrariado por algum movimento do governo. O aborrecimento que antecede o afago. Um insatisfeito disposto a satisfazer. Para rir, tem de fazer rir. E assim se vai, ao custo da democracia representativa.

Ao custo da democracia representativa, representa-se. A alegada independência do Progressistas é teatro que, de repente, se encarece no papel — digno de Oscar — de um Ciro Nogueira, o ex-ministro de Bolsonaro, cuja rara condição de oposicionista qualifica a natureza do partido: independência comercial.

Essa galera não faz política. E não se encorpará a atividade política negociando nos termos como o bolsonarismo transitava no Congresso. O facilitador Lira quer a formalização do arranjo que lhe fez primeiro-ministro durante o governo Bolsonaro. A tensão está contratada. Ou serei otimista?

O governo quer uma saída?

Lula fala que a política voltou. Fala em valorização da atividade política; em combate à criminalização do agente político. O propósito é nobre. Urgente. Os últimos anos foram devastadores para a política. A ver somente se a política poderá ser fortalecida sob adesão do governo ao modo Lira de negociação, elemento decisivo na campanha bolsonarista de corrosão institucional.

Qual a saída?

A ver também o que significará, para Lula, combater a criminalização da política. Há definições para todos os gostos. Jhonatan de Jesus, aprovado na Câmara para o Tribunal de Contas da União, apadrinhado por Lira e apoiado também pelo PT, tem uma, conforme relatou aos deputados que o escolheram: "Deram munição para que [o TCU] fosse utilizado para criminalizar a política. É isso que precisamos combater." O combatente operará sob a lógica despachante do padrinho. Trabalhará pela agenda de defesa dos interesses do Parlamento. A agenda facilitadora. Contra a criminalização da política.

E aí?

Não terá sido pela valorização da atividade política que Juscelino Filho — elogio e estímulo à lógica distributiva do orçamento secreto — foi nomeado ministro. Ele incorpora a reencarnação daquele sistema. Há quase R$10 bilhões desse espólio alocados sob ministérios e amarrados, pela LOA de 2023, ao cumprimento de acordos firmados pelos donos do Congresso.

O próprio caso de Juscelino Filho exige atenção: o governo Lula lhe liberará os milhões restantes em apadrinhamentos para a conclusão do asfaltamento da estrada que serve à fazenda da família?

Juscelino Filho é do União Brasil. O União Brasil são muitos. Há vários partidos ali dentro. Elmar Nascimento é um partido. Alcolumbre, um partido. Bivar, um. Essa multiplicidade produz apoio inalcançável a um governo, mas ilude. A cada votação, uma Codevasf. E, sempre, um apoio instável.

O União Brasil tem três ministérios, mas quer mais. É uma miragem. Oásis inatingível. O Planalto entrega, mas não consolida. Entrega uma Sudene, um FNDE, e então terá feito carinho a um desses alcolumbres — não ao partido. Não haverá segurança. E não haverá superfície que chegue, para oferecer, em troca dessa segurança.

Veja-se o caso da Funasa. O governo anunciou, no comecinho de janeiro, o fim do troço, cujas funções seriam absorvidas pelo Ministério das Cidades. Não sei se a medida era boa tecnicamente. Pareceu decisão impessoal. Sei que agora o líder do

PT na Câmara clama pela restituição do bicho de modo a contemplar o apetite dos aliados desejados.

É miragem. Mas o cínico, um pessimista, observa o cenário considerando a hipótese de que todos saibam.

OS AFETOS DO BANCO CENTRAL

7/2/23

Viramos, de repente, um país de comentadores de sentimentos de atas do Copom. Que chatice. E então, meu Deus: quais os afetos da expressão formal do Comitê de Política Monetária? O bicho é mais ou menos amigável?

Tenhamos santa paciência. Para dizer o seguinte, em busca de alguma lição: o tom mais fraternal do documento seria produto da percepção positiva sobre o pacote econômico prometido pelo ministro da Fazenda. Atenção: pacote prometido, a ser implementado.

O Banco Central atua e reage sobretudo com fundamento em fatos, em leis aprovadas, em políticas públicas em curso. Havendo, contudo, uma margem, não pequena, para a captura de impressões do mundo. A velha subjetividade. Esta é a lição, uma obviedade: a palavra dos poderosos resulta. Oh! De Bolsonaro ou de Lula.

Se a palavra ruim de um governante condiciona os humores, inclusive do BC, e faz perspectiva crescente de inflação e juros, a palavra captada como boa — ainda que posta ao porvir — faz desanuviar o horizonte. É bem simples.

A ata do Copom foi — escolho o sentimento — generosa. Mais que amigável. Porque o velho cínico já pergunta se é mesmo bom — ou suficiente — o pacote vendido por Fernando Haddad. Na hipótese de que aplicado na íntegra, será o bastante para desarmar a complexa bomba fiscal brasileira? No conjunto apregoado pelo ministro, sejamos francos, vai muito mais um sonho de colheita farta de receitas do que compromissos sólidos com controle de gastos.

Afetos à parte, a discussão sobre autonomia do BC e tamanho dos juros comunica que não há — não ainda — um projeto econômico para um país de finanças arruinadas e, parece, é o que a briga comunica, com piora contratada. Isto na hipótese de esse projeto não ser aquele de 2003 — o que equivalerá à inexistência de um.

É claro que Lula faz discurso político. Talvez sem considerar que já não será mais possível falar para nicho. Todo mundo vê e ouve tudo. (E compreendo sua desconfiança. Roberto Campos Neto muitas vezes se comportou como ministro de Jair Bolsonaro.) Talvez também considerando pouco que, embora seja legítimo que desgoste e questione o lugar dos juros, suas falas não colaborem para que as taxas venham a agradar.

Há muitas maneiras de se precaver discursivamente contra um horizonte econômico degradante, sem precisar bater num agente, o BC, cuja dor faz preço. Há muitas maneiras de atribuir a Bolsonaro a responsabilidade sobre o descalabro fiscal. Inclusive porque a herança maldita é real. (Seria maior, diga-se, sem a atuação do BC, principalmente em 2022.) Bolsonaro é o pai da criança e o presidente poderia ser direto na responsabilização do antecessor.

E aqui se planta a hipótese de que Lula, ao atacar o Banco Central, não queira dar centralidade a Bolsonaro. É uma possibilidade.

Sendo assim ou assado, importa que haja um inimigo, no caso o BC, encarnação da elite — a elite financeira — contra o povo, com o que se mantém na ordem do dia a linguagem beligerante que cinde.

O populismo parece mesmo ser o destino do Brasil.

UM PROBLEMA A MENOS

13/2/23

Fulanizarei: a autonomia do Banco Central existe para que Roberto Campos Neto não seja integralmente Roberto Campos Neto. Desenvolvendo: a autonomia do BC — autonomia, não independência — existe para que Roberto Campos Neto, presidente do BC, seja menos Roberto Campos Neto, o bolsonarista.

Fulanizei, mas a questão é impessoal. A autonomia do Banco Central serve para que o bolsonarismo de Sicrano, ou o petismo de Beltrano, seja esvaziado — minimizado — e tenha, pois, carga reduzida sobre a gestão da autoridade monetária.

A autonomia do BC consiste em solução que diminui o espaço para lambanças derivadas de escolhas, de pressões, políticas. Atenção: não exclui a dimensão — os efeitos — da incompetência de seus dirigentes. Encurta a superfície em que paixões partidárias — e as influências, interferências, de líderes políticos — condicionam as tomadas de decisão.

A autonomia do Banco Central não é — nunca será — a panaceia da estabilidade e do poder de compra da moeda nacional, garantindo *per se* a fortaleza do sistema financeiro. É — e assim deveria ser entendida — instrumento, constantemente aperfeiçoado, que compõe o esforço em defesa da impessoalidade na avaliação e no enfrentamento de riscos econômicos para o país. Apesar de Roberto Campos Neto.

Ou não terá o Banco Central, sob o bolsonarista Campos Neto, elevado rapidamente a taxa de juros, até a altitude corrente, como resposta ao vale-tudo fiscal inaugurado pela PEC dos Precatórios e escancarado com a PEC Kamikaze, por meio da qual o Estado, despejando bilhões na economia, financiaria — com aval do Parlamento — a tentativa de reeleição de Jair Bolsonaro?

Campos Neto estava — e discursou — na famosa reunião ministerial de 22 de abril de 2020. A transcrição do que disse então faz ver a palavra de um ministro de Bolsonaro — e ali, no entanto, estava o presidente do Banco Central. Que, mesmo já com o BC formalmente autônomo, advento de fevereiro de 2021, não se constrangeria — o presidente do Banco Central! — em acompanhar Bolsonaro a encontro com empresários e banqueiros.

E, ainda assim, o BC, sob Campos Neto, trabalhou — na forma de juros crescentes, 2022 adentro — por frear o impacto do pacote eleitoreiro de Bolsonaro sobre a inflação, freando também, por consequência, o estímulo da derrama bilionária no humor dos eleitores.

Campos Neto fala demais e cometeu desvios de politização que justificam as desconfianças de Lula e dos petistas contra si. Mas — sejamos justos — a resposta do Banco Central autônomo, no momento dramático em que Bolsonaro avançava no regime de engorda da bomba fiscal pela reeleição, foi dura. Trouxe-nos, a jato, aos atuais juros de 13,25%.

Resposta dura, dada sob Bolsonaro, contra os interesses de Bolsonaro, que não invalida a discussão, esticada por Lula, sobre a taxa — se poderia estar menor agora. O BC é autônomo.

Autonomia, aliás, que deixa à vontade o presidente — mínima a sua influência sobre o banco — para lhe criticar as decisões. Com o que, creio, pretenderia armar defesa preventiva, atribuindo-distribuindo responsabilidades, ante possível recessão; intenção que não excluirá da jogada pendor pelo investimento na cisão de vezo populista — a elite financeira contra o povo trabalhador.

Independentemente das motivações de Lula, o BC é autônomo. Protegido contra as maiores mordidas dos arroubos políticos. Não — repito — contra erros de seus dirigentes.

O Banco Central, sob Campos Neto, antes e depois da autonomia, errou muitas vezes. Baixou os juros até 2%; em dada altura desse mergulho tendo perdido os parâmetros, a referência para o que seria o limite mínimo, ignorando mesmo a realidade brasileira, ademais engrossada pela geração de instabilidades e conflitos própria a Bolsonaro.

E, depois, diante da escalada inflacionária, que terá julgado circunstancial, demorou a responder com a elevação da taxa, subestimando a força de permanência da pandemia, avaliando mal o caráter enraizado da inflação entre nós — e então, no susto, a correria. Errou. Muito. Pode estar errando de novo. Por que não?

Não sei dizer se a taxa de juros está em lugar adequado. Percebo que a inflação está aí, disseminada, arredia, e que o carrego de gastos projetado adiante é pesado. Aprendi que incertezas contratam proteções — inflação e resposta de juros prolongadas, no caso. E que brigas, ainda que legítimas, podem ser contraproducentes — o brasileiro rejeitou, nas urnas, o "nós contra eles".

Lembro que o governo tem poder para alterar as metas da inflação, talvez conseguindo baixar juros de curto prazo; mas que talvez caíssem mais consistentemente se o presidente e seu ministro da Fazenda apresentassem logo a nova âncora fiscal — fundamentada em controle de gastos.

Sei que, neste complexo todo, a autonomia do Banco Central representa um problema a menos.

A REPÚBLICA DE ELMAR

20/2/23

A manchete de um grande jornal informou: "Governo Lula abre mão de verba para Lira distribuir emendas até a deputados de oposição." Poderia ter simplificado: "Orçamento secreto continua." Talvez pusesse uma pimenta: "Novo governo mantém prática do antigo." Quem sabe dando nome aos bois: "Governo Lula dá sequência ao esquema de Bolsonaro." (E, então, o jornal seria cancelado. Como ousou equivaler o garantidor da democracia ao capiroto?)

Nada mudou, afinal. (Calma. Nada mudou em matéria de orçamento secreto.)

Sufocada a rubrica RP9, que classifica a emenda do relator, a gestão autoritária do Orçamento da União driblou o Supremo e migrou para a RP2, mantida a falsa administração dos recursos pelos ministérios. O orçamento era secreto porque operava por trás de fachadas. As fachadas se deslocaram — para que o trânsito orçamentário permaneça na mão obscura de poucos senhores.

Lembro que a Lei Orçamentária Anual de 2023 veda o cancelamento — sem o aval do relator-geral — de dotações de despesas discricionárias que decorram de indicações do... relator-geral. Ficou tudo amarrado, conforme distribuição dos bilhões definida — sob indicação do relator — quando ainda vigorava o uso pervertido das emendas... do relator.

Não é, portanto, que Lula tenha aberto mão de verba para Arthur Lira distribuir até a deputados de oposição. O governo simplesmente não tem o que fazer. Longe, porém, de ser vítima.

A forma como os dinheiros do orçamento secreto — como os usos desses dinheiros — foram remanejados-recompostos derivou de acordo que desamarraria a aprovação da PEC da Transição. Lira e sócios mandam o Planalto pagar — e o Planalto paga. Daí por que contemplados também -— como na época das emendas do relator — parlamentares de oposição. Não por gentileza de Lula. Mas porque Lira e o consórcio que lidera querem, em nome de interesses corporativistas. Ao governo cabendo controlar, em troca de votos nas matérias de seu interesse, o tempo das liberações. Ficam todos felizes, todos comprometidos entre si.

Nada mudou.

É preciso avaliar a natureza dessa continuação de práticas. É preciso também avaliar o uso do discurso de "não criminalização da política" como fachada para que avanços patrimonialistas sobre a superfície do Estado se perpetuem. Governos democráticos oferecem espaços na administração para que aliados participem da gestão. É do jogo. No entanto, que jogo fazem os governos democráticos que oferecem espaços na administração para que aliados pretendidos continuem gerindo viciosamente as mesmas superfícies corrompidas durante o período que o discurso democrático afirma querer superar?

O problema não está em dividir cargos — em partilhar o poder. Está em sustentar o esquema de poder lesivo que vigorou no governo Bolsonaro. O que significará Juscelino Filho ser ministro de Lula, senão o reconhecimento — o elogio — à capacidade do orçamento secreto eleger novos poderosos?

Nada mudou.

Veja-se o caso da Codevasf. É propriedade, desde o governo Bolsonaro, do deputado Elmar Nascimento. E assim permanecerá; a Elmar cabendo decidir se manterá o atual presidente da companhia, cujo alargamento fez com que os vales do São Francisco e do Parnaíba chegassem até o Amapá do rio Alcolumbre, esse grande afluente.

A Codevasf de Elmar, que é Lira, foi — sob Bolsonaro — a arena preferencial para o espetáculo do orçamento secreto. Assim seguirá. Seguirão as irregularidades? Seguirão as irregularidades identificadas no governo Bolsonaro, mantida a mesma cadeia de comando na empresa? Poderá ser diferente? Apurações da Controladoria-Geral da União documentaram a transformação da companhia, por exemplo, em fábrica de pavimentação Brasil adentro, com asfalto que esfarela como farinha. Inclusive no Amapá.

É um complexo perfeito de interesses alcolúmbricos.

A Codevasf, musa do orçamento secreto, fica com Elmar, que é Lira, em troca do apoio do União Brasil, que apoia ninguém — e quer mais sudenes. Que tal? Não haverá miragem maior do que esperar o apoio de um partido que não existe, mas que tem votos. Uma máquina de barganha — ou chantagem.

O União Brasil é uma confederação de partidos-personas. Elmar é um. Davi Alcolumbre, um. Luciano Bivar, outro. Há outros. O governo entrega, entrega pavimentação, pensa se acercar do oásis, mas o deserto come o asfalto e pede mais e mais chão — mais areia. O governo entrega. O União, farinha, escapa entre os dedos, a cada votação demandando um novo Dnocs. Vale?

Não é somente investimento corruptivo, autoritário e caro. Mas corruptivo, autoritário, caro e inócuo. Areia — farinha — não faz base.

A grande questão, contudo, impõe-se mesmo à burrice da escolha contraproducente: se Bolsonaro, o sete-peles, entregou as codevasfs aos cuidados do consórcio Lira, em que página ficará o governo Lula ao manter os vales sob controle da República de Elmar?

A GRANDE FAMÍLIA CODEVASF

27/2/23

Saiu Bolsonaro, entrou Lula — e nada mudou. Pelo menos na Companhia de Desenvolvimento dos Vales do São Francisco e do Parnaíba (que hoje se espalham até o Amapá de Alcolumbre): nada mudou.

Veja-se o caso de João José Pereira Filho, o Joãozinho. Avançamos para março e o homem continua no comando da superintendência da Codevasf em Alagoas. Ele é primo de Arthur Lira e ex-prefeito de Teotônio Vilela, acusado — com bens bloqueados — de vícios e desvios em licitações. Tem duas condenações (em fase de recurso) por mau uso de dinheiros públicos.

Em 2022, Alagoas — de Lira e Joãozinho — recebeu R$45 milhões, via Codevasf, em emendas do orçamento secreto. O equivalente a 20% de todo o montante empenhado pela companhia, por meio das emendas do relator, no ano passado.

Destaque-se o convênio — de R$10 milhões — para a construção de adutora em Teotônio Vilela, hoje sob a prefeitura de Peu Pereira. Que é primo de Joãozinho. Que é — não perca o fio — primo de Lira.

Pai de Lira é Benedito de Lira, prefeito de Barra de São Miguel, município também muito bem cuidado pela Codevasf.

Arthur Lira é presidente da Câmara. E alguém dirá que o mundo real se impõe assim: com a necessidade de o Planalto agradar o homem. Né?

Mas o que dizer dos latifúndios mantidos por Ciro Nogueira, ex-ministro de Bolsonaro e que se apregoa como opositor a Lula? A irmã do senador, sócia dele, é — permanece — assessora na presidência da Codevasf.

Há mais. O ex-senador Elmano Férrer, do PP do Piauí, parceiro de Nogueira, ganhou para o filho a chefia da ouvidoria da empresa. E o deputado Hugo Motta, do Republicanos, mui próximo de Lira e Nogueira, tem a esposa num cargo de assessoria na companhia.

Nogueira vive, previsivelmente, no melhor dos mundos: opositor circunstancial sob o sol; situação eterna — patrão de nacos de territórios públicos — lá onde o Estado é profundo.

Nada indica que o arranjo mudará, mesmo ante tudo quanto se sabe — transvio de verbas, deformidades licitatórias e obras esfareladas — sobre os usos da superfície da Codevasf. Ou não será público o acordo para que o deputado Elmar

Nascimento — que é o partido de Lira dentro do União Brasil — continue senhor da companhia?

Aliás, Elmar é governo ou oposição? Ou depende?

PARTE 3

COMO JUSCELINO FILHO AINDA É MINISTRO?

1/3/23

Como Juscelino Filho ainda é ministro? Desde o dia de sua nomeação estava avisado. É furada. A existência política do deputado maranhense deriva do poder que reuniu como patrono privilegiado de emendas do orçamento secreto. Foi isso que o cacifou, via apadrinhamento de Davi Alcolumbre, à condição de ministro das Comunicações? Um elogio, pois, à cultura do orçamento secreto? Sempre foi furada.

Ainda assim, Lula o mantém como ministro das Comunicações. Sempre foi furada, e agora parece falta de juízo. Sim, haveria um cálculo político: o sujeito é do União Brasil — e o governo precisa do União Brasil. Mas de qual União Brasil é Juscelino Filho? Porque são vários, com vários donos, alguns dos quais bons vendedores de terrenos na Lua. O que indica outra coisa: o governo precisa do União Brasil, mas o União Brasil não tem unidade capaz de sustentar apoio representativo ao governo Lula. É miragem.

Não existe União Brasil.

Por que, então, Juscelino Filho é ministro? Entende de comunicações como eu de cavalos. Está todo enrolado e — para ofertar pragmatismo — não entrega voto. Ninguém no União Brasil morrerá por ele. Nem Alcolumbre. O governo Lula nada perderá de União Brasil ao demitir o homem. Afinal, não se perde o que não se tem.

De modo que: se deixa ficar, e se o tipo vai ficando, a permanência comunica mal sobre compromissos eleitorais do novo governo em romper com as práticas do governo passado. Juscelino Filho protagonista no Parlamento é produto da relação de Bolsonaro com o Congresso. Já é falta de juízo.

Você não se lembra de Juscelino Filho? Aquele, então deputado, que destinou milhões de reais, por meio do orçamento secreto, para obras de pavimentação que beneficiavam a fazenda dele, em Vitorino Freire, no Maranhão — cidade cuja prefeita é sua irmã. E o asfaltamento traz para o rolo empreiteira de amigo da família... Padrão.

Falei em cavalo. O ministro curte. Cria. Nada contra. Acho bonito. Feio é usar avião da FAB, a título de urgência, para agenda dedicada, sobretudo, a leilões de cavalos de raça — levando ainda R$3 mil em diárias. Viaja, faz visitinha institucional a operadora de telefonia, passa trinta minutos no escritório da Telebras, mais uma hora na representação paulista da Anatel, isto tudo entre quinta e sexta (até meio-dia), dias 26 e 27 de janeiro, e depois — ganhando diárias até a segunda, dia 30, final de semana adentro — vai curtir a paixão pelo Quarto de Milha.

Não é aceitável.

No sábado, dia 28, lembrando-se de súbito da condição de ministro das Comunicações, ao reinaugurar praça, na cidade de Boituva, batizada com o nome de cavalo de um sócio dele, o Roxão, Juscelino prometeu internet livre... na "Praça do Roxão".

As informações são do *Estadão*. O jornal também contou que, ao registrar a candidatura à reeleição, no ano passado, o deputado Juscelino escondeu do Tribunal Superior Eleitoral um patrimônio de ao menos R$2 milhões em cavalos daquela raça.

Feio também é esconder o tamanho da paixão. Quem ama declara.

OS MINISTROS DE ALCOLUMBRE NO GOVERNO LULA

2/3/23

É do balacobaco o que reporta *O Globo*. Leia o que apuraram os repórteres Dimitrius Dantas e Patrik Camporez. A conclusão é minha: com Davi Alcolumbre não tem erro. Ele é padrinho da indicação de Waldez Góes ao governo Lula.

O homem se tornou ministro da Integração Nacional e do Desenvolvimento Regional. Isto em 1º de janeiro de 2023. Era governador do Amapá até um dia antes, condição desde a qual, em 30 de dezembro de 2022, anunciou contrato para obras de pavimentação numa rodovia que liga Macapá ao sul do estado.

Trabalho orçado na faixa dos R$100 milhões, empreendimento a ser tocado por empresa de um dos suplentes de Alcolumbre no Senado — e a ser pago com dinheiros emendados ao orçamento secreto sob indicação de... Alcolumbre.

Diga-me se não é obra-prima?

O enredo ainda fica mais perfeitamente fechado. Porque não será só o onipresente Alcolumbre a bater o escanteio e ir à área cabecear. Também tem fome de bola o afilhado. Góes. Que, como governador, contratou a obra. E que, quinze dias depois, como ministro responsável, assinaria a ordem de serviço para a obra.

Faz sentido. O ministro é da Integração. Está tudo mesmo integrado. É também do Desenvolvimento. Tem pressa em desenvolver. Os ministros de Alcolumbre no governo Lula mostram serviço.

E fica ainda mais espetacular a trama. Obra de arte da previsibilidade patrimonialista. Quer ver?

A pavimentação será feita em convênio — não poderia ser diferente — com a Codevasf, a superfície favorita ao derrame do orçamento secreto, empresa ora sob cuidados do ministério dirigido por Góes, ex-governador do Amapá, estado que, sob gestões do senador (pelo Amapá) Alcolumbre, teve a bênção de passar a ser lambido pelos vales dos rios São Francisco e Parnaíba, dos quais a companhia cuidava antes do milagre da multiplicação fluvial.

Alcolumbre é o espalhador de vales... Idem de afilhados: é seu também Juscelino Filho, ministro das Comunicações, que recebe diárias para passear por leilões de cavalos. (Sem querer ser desagradável: afilhado de Alcolumbre igualmente é o presidente do Senado Rodrigo Pacheco.)

Ainda não acabou. Falta o toque derradeiro.

O nome do empresário suplente de Davi Alcolumbre no Senado é Breno Chaves Pinto. O nome da rodovia a ser pavimentada é Josmar Chaves Pinto, tio de Breno, o dono da empresa que fará a obra.

DIAMANTES VITALÍCIOS

6/3/23

Os diamantes são eternos. Os almirantes bentos, eternos. Os assessores dos almirantes com coragem para entrar no país com encomenda de Jair Bolsonaro: eternos. (Os assessores com dinheiros nas cuecas, idem; os senadores com dinheiros nas cuecas.)

Eternos porque, no Brasil, a República ainda não superou o império do contrabando. Daí porque, até o último dia, mobilizando pelo menos três ministérios, o capitão Bolsonaro, presidente, tentou fazer entrar ilegalmente no país o presente milionário da ditadura saudita. Tinha certeza de que conseguiria. Não conseguiu. Terá havido outras vezes? O que haverá passado? Quanto passou?

Passou. Tem passado.

Os diamantes são eternos. Os bentos e suas mulas, eternos. Eternos também os juscelinos, porque eterno o uso do Estado para abrigar interesses privados. Os diamantes passam.

A ascensão do deputado Juscelino Filho é produto da sociedade, via orçamento secreto, do governo Bolsonaro com o consórcio parlamentar liderado por Arthur Lira. Esse modelo de relacionamento foi premiado por Lula, de quem Juscelino se tornou ministro. Ainda é? E, caindo o filho, qual outro indicado do papai Alcolumbre, essa joia, virá? Cuidado com o trânsito das joias.

Lula venceu Bolsonaro. A democracia venceu. Certo? A vitória da democracia não pode servir para sombrear a República. Como lidar com os apelos das joias?

Os diamantes tentam entrar, na mochila de algum juscelino, pois eterna, entre nós, é a cultura de apropriação patrimonialista do Estado. Diamantes não entram sozinhos. Diamantes têm bentos. O orçamento tem senhores. O Estado, donos. Os estados são ainda capitanias hereditárias. Ou haverá outra conclusão ante o que *O Globo* reportou? Que, dos atuais 232 conselheiros em tribunais de contas do país, 30% são parentes de políticos.

Qual a contribuição — à infâmia — do primeiro escalão de Lula?

Renan Filho, ministro dos Transportes, conseguiu que a mulher se tornasse — em dezembro de 2022 — conselheira do Tribunal de Contas de Alagoas, estado que ele governou até abril do ano passado. E o que será isso, senão se servir do poder, da influência, para privatizar espaços de natureza impessoal como os de fiscalização dos usos de dinheiros públicos?

Waldez Góes, ministro do Desenvolvimento Regional, outro afilhado de Alcolumbre na Esplanada, nomeou a mulher para o Tribunal de Contas do Amapá em fevereiro de 2022, enquanto ainda governador.

Suponho que seja desnecessário registrar que integrantes dessas cortes não têm como função ganhar R$41.800 vitaliciamente, mas julgar as contas dos chefes dos Executivos. Nepotismo é proibido no serviço público. Os diamantes, porém, passam.

O ministro do Desenvolvimento Social, Wellington Dias, estrela do petismo, tem a mulher como conselheira do Tribunal de Contas do Piauí desde janeiro de 2023, estado que governou até março de 2022. O que ele diria se Tarcísio de Freitas, ao fim de seu governo em São Paulo, operasse para fazer de sua mulher conselheira do tribunal de contas estadual? Diria nada.

Sem moral também vai o poderoso ministro Rui Costa, da Casa Civil, grão-petista, que ora trabalha para que a mulher seja conselheira do Tribunal de Contas dos Municípios da Bahia, estado que ele dirigiu pelos últimos oito anos.

Como é que lida com Juscelino Filho? Com Daniela do Waguinho? Com que autoridade? Mais facilmente compondo com a turma do "deixa-disso". Donde eternos, os juscelinos. (E os waguinhos.)

A federação de patrimonialismos conhecida como União Brasil saiu em defesa do ministro do Quarto de Milha. Os vendedores de terrenos na Lua (apoio em bloco de partido que não existe) querem que os petistas tratem o rapaz — ou o próximo rapaz — da mesma maneira que tratam os seus. Os elmares, decerto, considerando injusto que Juscelino caia — já caiu? — por tão pouco. Cairá?

O que serão umas viagens em avião da FAB e diárias para visitar equinos e prestigiar a inauguração de praça com nome em homenagem ao cavalo do sócio? O que serão uns orçamentos secretos para asfaltar a estrada que serve à própria fazenda, perto da multiplicação de patroas em cargos vitalícios?

A largueza dos costumes oferece um Estado a cada um. Cada um entendendo à sua própria maneira. Diamantes a todos. Diamantes vitalícios. Juscelino vai. Outro vem. As joias ficam.

Se petista graúdo, ex-governador, ministro, pode ter família eternizada no Estado, na folha do Estado, por que os alcolumbres não poderão ter juscelinos e outros representantes do orçamento secreto no ministério de Lula? Qual é o problema em Elmar Nascimento, do União Brasil de Lira, continuar governando a Codevasf?

O União Brasil, bento seja, só quer carinho para com o Juscelino que vier. Só quer os mesmos pesos e medidas na partilha do Estado. Diamantes vitalícios para todos.

LULA DE LIRA

13/3/23

Arthur Lira disse que o governo Lula precisa de tempo para se estabilizar internamente. É uma avaliação. Para o presidente da Câmara, o novo governo estaria instável. Diagnosticou. E seria o caso de lhe dar tempo. Receitou.

De estabilidade e tempo — de estabilidade no tempo — Lira entende. Sua família indica diretores da CBTU desde 2007. O atual presidente da estatal ascendeu à chefia em 2017, sob Temer, apadrinhado pelo deputado. Temer, Bolsonaro, Lula — e o trem segue. Não descarrila.

"Teremos um tempo pra que o governo se estabilize internamente" — foi o que falou. Que o uso do plural não engane. Não existe nós. Nem apenas uma avaliação. É Lira, o avaliador, quem controla o tempo, que concede. E o tempo está correndo... Corre contra o governo desequilibrado. Avaliação e faca no pescoço. Lira dita o ritmo e amola a lâmina. É como avança. Nos trilhos.

O governo ainda não se estabilizou em casa — é o que comunica com o "internamente". Externamente será com ele, Lira — o do tempo, da lâmina e da fatura. E, externamente, "o governo ainda não tem" base de apoio consistente. Vende dificuldades.

Quase disse que o governo que ora se preocupa com sua base de apoio nem sequer tem o que votar no Parlamento. Quase disse. E foi entendido. Que só se testa base — e não será barato — com projetos a serem votados. Cadê? O ano avança. E Lira, o senhor da conta, espalha-se. Terá trabalho. Trabalho tem custo. Enquanto isso, antecipando-se, ocupa as caçambas de um comboio ainda parado; e com tempo para afiar a faca e mostrar o fio. Está exibido.

Tem a CBTU, a Codevasf, o Dnocs — e contando. E então lemos que o Planalto entrega — ou mantém as entregas dos outros — por medo de, ao lhe enfrentar os interesses, Lira travar o governo. Não que lhe falte poder. Mas é o próprio, que manja dos trilhos, quem informa: o trem ainda não se moveu e já está travado.

O governo bambo, que ainda não está em condições de votar grandes matérias no Congresso — para o que, quando a hora chegar, dependerá de mim. E será caro. É o que informa. E Lira decerto exclui a presença de elementos como Juscelino Filho da equação desestabilizadora. Coisa de ilusionista. Gere o tempo do governo, põe-lhe a faca no pescoço e desconsidera o atraso imposto por desequilíbrios internos que ajuda a forjar e manter.

Lira tem também Juscelino, que divide com Alcolumbre, que é o Pacheco que não devemos ver. Esse arranjo, um equilíbrio balanceado em orçamentos secretos, talvez defina o que o presidente da Câmara chamou de "Congresso com atribuições mais amplas". Ele disse: "Temos um governo que foi eleito com margem de votos mínima e que precisa entender que temos Banco Central independente, agências reguladoras, Lei das Estatais e um Congresso com atribuições mais amplas."

Avento se um governo eleito com imensa margem teria um Lira com largura menor, com atribuições menos amplas.

Lira é estável, condição vitalícia, daí que se sinta à vontade para usar o resultado parelho da eleição — placar apertado que as "atribuições mais amplas" do Congresso facilitaram, aprovada a PEC Kamikaze, programa de financiamento público à reeleição de Bolsonaro — de modo a emparedar o governo eleito.

As "atribuições mais amplas do Congresso" derivam da necessidade de se aumentar a superfície de partilha do Estado, dado que Lira e sócios não apenas garantem o que já detêm, como se espalham para além. A existência dos espaçosos Lira e Alcolumbre, com muitos braços e elmares, torna mais caro, talvez impossível, ter a tal base de apoio. É preciso encontrar novos feudos. Mas até o Estado brasileiro tem finitude.

A conta não fecha, mas o recado é: o governo tem de sustentar o que os donos do Parlamento controlam, para sustar qualquer risco de impeachment; e ainda negociar com a arraia-miúda parlamentar, deputado por deputado, a cada votação.

Tratando da reforma tributária, Lira declarou: "Nós temos um Congresso que hoje tem atribuições mais amplas, e isso precisa ser negociado com bom senso, muita conversa, amplitude, clareza, mas com rumo. E o rumo precisamos defini-lo agora em março. Nós não temos um rumo definido, um encaminhamento feito."

Atribuições mais amplas tem Lira. Clareza. Rumo. O consórcio parlamentar que dirige conseguiu driblar o Supremo para formalizar o orçamento secreto. Que continua. Continua Juscelino. Continua a Codevasf. A Codevasf de Bolsonaro sendo homologada, agora, pelo governo de Lula — é um dos encaminhamentos que Lira, com bom senso, dá ao governo sem rumo.

E o governo Lula — que assinou contratos de asfaltamento (atividade que deturpa a natureza da Codevasf) somando cerca de R$650 milhões, um conjunto herdado de pregões havidos sob Bolsonaro, dos quais transbordam evidências de cartelização — continua sem base de apoio no Congresso.

FEDERAÇÃO DE PATRIMONIALISMOS

20/3/23

Documento histórico; em que encontrar a síntese do *presidencialismo de alcolumbre*, o arranjo que, tomando o lugar do de coalizão, ora define as relações entre Parlamento e governo. Refiro-me à entrevista de Elmar Nascimento à *Folha*.

O deputado ficou conhecido ao discursar contra o governo Bolsonaro, em 22 de maio de 2019. O mais leve que disse: não teria palavra. Líder do DEM, acusou o Planalto de "procedimento canalha" no Parlamento. Falou que não tinha plantação de laranja; e que não se escondia da Justiça. Era véspera de manifestação convocada pelo presidente — e ele denunciava apoiadores do governo na Câmara, então no PSL, que pregavam pelo fechamento do Congresso. Faltaria equilíbrio, moderação, àquela Casa.

De lá para cá, engenhou-se o orçamento secreto (o equilíbrio pela distribuição?), veio a ascensão de Lira (a moderação pelo trator?) e, tudo indica, a palavra (a gestão das emendas?) passou a ser cumprida; porque Nascimento fecharia com Bolsonaro, deixando de se incomodar com a pregação contra a República.

É hoje líder do União Brasil (estão lá os agentes radicalizados do finado PSL), a confederação de patrimonialismos que se apregoa como partido político. Foi desse lugar que deu a entrevista. Quem a ler compreenderá que o não partido recebe cargos do governo Lula, posições que não pediu, mas das quais não abre mão. "Depois que você dá, tirar, complica."

Né?

Esta é a configuração do União, segundo entendi: a) leva ministérios; b) que não demandou; c) cobrado sobre adesão à agenda do Planalto, objeta que os ministros são da cota dos donos do não partido; d) informa que a confederação de patrimonialismos é independente; e) registra que pegará mal, para a relação, tirar a turma das cadeiras agora.

É possível, na entrevista, identificar um glossário do União Brasil. Independência seria a condição para que parlamentares negociassem individualmente os apoios, de votação em votação, via emendas. A independência do não partido consistiria em manter os cargos que tem, algo à parte, acerto por cima, sem compromissos de plenário, exigindo que o governo comerciasse, a cada projeto de interesse, com cada parlamentar.

Desnecessário explicar que confederação de patrimonialismos também será de patrimonialistas. O conjunto faz volume e sobe preço. Atrai. Dissimula. É o novo papel da liderança. Mostrar e dar trânsito a esse tipo mui específico de independência. Sou independente na jurídica. Tem jogo na física. São 59 CPFs.

Por exemplo. A Sudene é do presidente do União Brasil, Luciano Bivar — não do União Brasil. Está dito. Imaginar que se terá o apoio do não partido por meio da distribuição de cargos equivale a investir em alcançar oásis no deserto. Miragem. Sempre se estará contemplando somente uma das facções que compõem conjunto rico em vendedores de lotes lunares.

Juscelino Filho é de Davi. Só não lhe queiram tirar o assento. Logo se torna do União, "atacado de forma injusta" — o pobre, que só quis usar jato da FAB para visitar leilões de cavalo (e ainda ganhar diárias). Juscelino, aliás, indicou filiado do União à direção dos Correios. Nascimento esclarece: é do partido, mas da cota do ministro.

O deputado expõe por que será impossível o governo formar base contando com o União: "[Na negociação de] cargo, participa a cúpula do partido. Mas 80% do Congresso, que é o baixo clero, quer saber de execução orçamentária. Quer saber de levar o posto de saúde, a pavimentação."

Desenhe-se: os ministérios são dos alcolumbres; os elmares querem dinheiros para a Codevasf. A cúpula não lidera e vende o que não pode entregar. O partido não existe.

É transparente: "As urnas impuseram a Lula ampliar o diálogo." Ao glossário. Diálogo ampliado: fazer andar o orçamento. Os meios estão dados. Lembra do acordo — formal, posto na Lei Orçamentária — para driblar o STF e sustentar a operação do orçamento secreto, agora sob a fachada dos recursos para ministérios. Foi o relator da emenda à Constituição que viabilizou um dos pilares para a continuidade do orçamento opaco e autoritário: a PEC da Transição. As condições estão postas. É só fazer girar.

Nascimento, afinal, formou na base de Bolsonaro, esquecido o laranjal, porque seu partido era chamado "para as políticas públicas". Ao glossário. Participar da "condução do país na economia": apoiar as PEC dos Precatórios e Kamikaze, e garantir a produção de um orçamento que estabelecesse como prioridade que a Companhia de Desenvolvimento dos Vales do São Francisco e Parnaíba se transformasse na maior asfaltadora do país.

O presidente da Codevasf foi indicado por Nascimento a Bolsonaro. E continua, sob Lula. Hoje "é de todo mundo." E todo mundo lhe defende a permanência. Porque tem agilidade. Dá resultado. Nada a ver com as acusações de sobrepreço e de formação de cartel em pregões da empresa. Isso é maldade da imprensa.

ARCABOUÇO É ESQUELETO

23/3/23

A apresentação do novo arcabouço fiscal lembra a agenda de Paulo Guedes para privatizações: na semana que vem. (Com sorte.) Seria em março, segundo Fernando Haddad. Viria até para condicionar o humor do Comitê de Política Monetária e fazer baixar os juros. Já era. Ficou para abril; espera-se que a tempo de nortear o Projeto de Lei de Diretrizes Orçamentárias — não faria sentido remeter ao Parlamento uma proposta de orientações para a concepção do orçamento sem a definição de quais serão as novas balizas fiscais. Tudo é possível, porém.

Certo é que o efeito do arcabouço só será positivo se seu desenho for, ao mesmo tempo, consistente — assegurando controle de gastos — e crível. Explicando esse "crível": que, sendo boa a estrutura, a sociedade acredite que será respeitada. O teto de gastos não foi; razão, a propósito, por que vivemos espécie de tensão pré-anúncio do novo arcabouço fiscal.

O que é um arcabouço, afinal? É um esqueleto. Sendo preciso cuidá-lo para que não se torne um fantasma. O teto de gastos virou casa mal-assombrada, abandonada, embora ainda de pé. Necessário sendo cuidar — orçamento é escolha, eleição de prioridades — do que vai dentro. Ou melhor: cuidar para que o esqueleto tenha caixa capaz de abrigar tudo quanto se queira dentro. Tem de caber. Calcule-se o tamanho da arca, o volume da ossatura, maior ou menor, de modo a que a carne caiba. É o que comunica o Planalto.

O esqueleto não pode estar vazio — nem, estando cheio, ser vazado. O mundo real também deve se impor na superfície da carcaça. Olhemos à memória. Havia o teto de gastos — projetemos a imagem mental do teto de gastos. Foi furado. Primeiro, quando se abriu o teto solar bolsonarista, a partir do qual vários balões foram postos para fora. Depois, destelharam-no de todo. Foi a PEC Kamikaze. A arquitetura do esqueleto desmoralizada.

De modo que só a estrutura não resolve. A massa tem de ficar dentro. A carne tem de estar contida. Se vaza, se transborda, não presta — apodrecerá. E não se conterá (controlará) o tamanho da carne — está dito. Alargue-se a caixa. É o que comunica o presidente da República.

Nós ainda não conhecemos a proposta de Haddad, mas já sabemos que Lula a transbordou — e ela já vai bem vazada... Ainda não a conhecemos, mas já sabemos que não é crível. Que, como está, viria para ser desrespeitada.

O presidente não gostou do que o ministro apresentou. Há mil maneiras de dizer isso. Prefiro a direta: Lula não curtiu. Está em desacordo com o que quer. Chame-se investimento ou gasto, gasto será, e o presidente quer dinheiro saindo — e pouquíssimo disposto a definir prioridades, a lógica de existir do orçamento. E daí sairá o esqueleto: para não ser vazado, será robusto.

Convém gerir as expectativas com os pés no chão, com base firme na realidade: o governo é de Lula. Ele venceu. Ele decide. Fernando Haddad se ajustará. A ver somente se não se cruzará aquela linha em que, de tão frouxa a regra, sua existência se tornaria irrelevante.

LIRA CONTRA A REPÚBLICA

27/3/23

Não existe controvérsia sobre o rito para tramitação de medidas provisórias no Congresso. Isso é falso problema forjado por um oportunista da pandemia: Arthur Lira. Tampouco estão em disputa entendimentos sobre regimentos internos, embora os sucessivos saques de Lira aos regramentos da Câmara indicassem que ele não tardaria a atacar a Constituição.

É disto que se trata: de atentado de Lira contra a Constituição. Não será o caso de explicar o que a Carta estabelece como trâmite de MP no Parlamento. Está tudo, claríssimo, na Constituição.

O presidente da Câmara, aliás, admitiu, em entrevista ao *Valor*, que o rito que desrespeita é constitucional. Pondera, porém, que a forma excepcional vigente seria "muito mais" democrática. Voltarei a isso.

Chamei Lira de oportunista da pandemia. Haverá outra maneira de se referir a quem manipula solução extraordinária estabelecida pelas duas Casas, de modo a que as deliberações legislativas pudessem ocorrer durante a emergência sanitária imposta pela peste, para ampliar o próprio poder?

Poderia chamar o oportunista da pandemia de golpista. Porque é um golpe — contra a Constituição — o que se arma. Não é hora para meias palavras.

"Nossa constatação é que a pandemia trouxe alterações na vida do Parlamento que não retrocederão, como a votação pelos aplicativos." Compara avanços tecnológicos, cuja implementação cabe à burocracia administrativa, ao atropelamento de processo parlamentar previsto na Carta.

A constatação de Lira sobre alterações trazidas pela peste não importa. O que não pode retroceder é o pacto republicano pela Constituição. De modo que, se quer a perenidade do rito atípico combinado para o período emergencial, o caminho é único: bancar um Projeto de Emenda à Constituição conforme lhe apeteça e submeter — submeter a sua onipotência — à apreciação do Congresso.

Fora disso, não há — não poderá haver — conversa. Que papo é esse de o governo mediar uma solução — puxadinho, premiando mentalidade autocrática — para o tal impasse? Acordo? E a Constituição, como fica? O que remedeia a doença autoritária é o cumprimento radical da Constituição. E mesmo a perspectiva de uma PEC, no verbo de Lira, trai a noção personalista que transforma o Parlamento na Câmara municipal de, sei lá, Teotônio Vilela, Alagoas: "O que estamos discutindo é que temos que mudar a Constituição porque as Casas não se entendem."

Ele fabrica problema, força crise sangrando a Lei e se refere a uma emenda à Constituição como solução — desde que com rito à sua maneira — para o que considera picuinha, as reações. Seria emenda à Constituição, por Lira, para pavimentar buraqueira produzida por Lira.

"A comissão [mista, para primeira análise da medida provisória] existe na Constituição? Existe, mas, com todo respeito ao Poder Judiciário, isso não é questão jurídica. É questão política."

Não tem "mas". O imperador reconhece a previsão constitucional do rito e então corre — já preparando a cartada da "judicialização da política" — para informar que matéria constitucional não cabe ao Supremo. Investe contra a Constituição, investimento que produz provocações ao Judiciário — e não quer que o STF faça o controle de constitucionalidade. No mundo de Lira, lá onde política é distribuir codevasfs, ele pode dilapidar a Constituição — a defesa da Constituição não sendo assunto do Poder encarregado de protegê-la.

Destaque-se esta pérola, expressão de independência segundo coronéis: "Decisão judicial não se descumpre, mas ela não funciona para a política." É o presidente da Câmara declarando, enquanto esquarteja princípios da República, que driblará decisão do STF — sobre matéria que reconhece como de natureza constitucional — que contrarie sua compreensão do que seja atividade política. Foi o que fez — com Pacheco e governo Lula, enganando o Supremo — para que o orçamento secreto continuasse.

Diz — faz — isso e vai a convescote com ministros da Corte. Todos satisfeitos.

"Não abrimos mão de nossas prerrogativas" — falou o parlamentar que aterrou os mecanismos de obstrução pela oposição legislativa e que tem suprimido o debate de projetos em comissões. Trata-se do mesmo deputado para quem o orçamento secreto seria orçamento municipalista. Existe glossário a ser escrito com a perversão das palavras por esses patrimonialistas autoritários e outros elmares.

Lira estica a corda, banaliza a PEC; para logo vir com proposta de acordo que, sob desculpa de defender interesses da Câmara, aumenta-lhe o controle sobre os deputados.

Volto à democracia segundo o rei Arthur, que considera "muito mais democrática" a resolução definida por mesas diretoras em caráter extraordinário; "muito mais democrática" do que o estabelecido na Constituição, sendo a prerrogativa da Câmara — do presidente da Câmara — tratorar o equilíbrio da atividade bicameral conforme disposto na Lei Maior.

É tempo de o Supremo cessar com a social, cortar o "me engana que eu gosto" e reaver o exercício de suas prerrogativas.

O CÉU DE BRIGADEIRO DE HADDAD

30/3/23

Proposta para arcabouço fiscal de Haddad depende de céu de brigadeiro permanente. Não me parece crível. Porque a tempestade sempre vem.

Se tudo der certo, arrecadação lá em cima, maravilhoso será. Gaste-se. Mas, eis a questão, como se viabilizará — como se cumprirá a prometida estabilização da trajetória da dívida — quando a receita cair?

Porque a despesa crescerá sempre — é o que se informa. A 70% da arrecadação, se cheia a vela. A 50%, ao secar do vento. A despesa aumenta de qualquer forma e, como no mundo real, permanece; boa parte da qual, obrigatória.

A despesa, crescendo sempre, desafiará rapidamente as barreiras levantadas pela proposta. É legítimo pensar que o governo que a propõe a desobedecerá. A conta tende a não fechar rapidamente.

A despesa aumentará sempre. A receita, contudo, tem por natureza a incerteza. É volátil. E aí?

Ajuste via receita — arrecadação como referência — crava a pergunta incontornável: quando apertar, quando nublar, quando a fonte secar, qual a chance de se compensar o desequilíbrio por meio de elevação de carga tributária?

Sem controle de gastos rigoroso, o céu de brigadeiro de Haddad exigirá — em nome do azul — uma corrida constante por mais e mais arrecadação.

NEW KIDS ON THE BLOCK

3/4/23

Como um popstar que vai à janela do quarto de hotel cumprimentar tietes, ele reapareceu. Oh! Terá sido Elvis, que voltava. (Não morreu.) Talvez John. (Imagine.) Como se um Beatle de súbito reaparecido, ele acenava aos fãs — cada passo detalhado. Só quis falar de amenidades. Como o Beatle que renascesse: ele voltou. Viagem cansativa. Quer descansar. Oh!

Era Jair Bolsonaro, porém. O Beatle. O Beatle fatigado. Um Coldplay que nunca foi embora — mas que de repente voltou. A barata. Vai pousar. Vai pousar. Vai pousar. Pousou! E então projetei aquela transmissão, com helicópteros, que acompanha o ônibus da delegação até o estádio. Abre-se a porta e descem, com seus fones de astronauta, aquelas bolsas Louis Vuitton a tiracolo, os artistas do espetáculo. O mito. Oh!

Centenas o esperavam no aeroporto — Romário repatriado pelo Flamengo. Era Bolsonaro, contudo. Não um craque, no auge da carreira, que vinha do Barcelona. Não, vá lá, um ex-presidente que regressasse do exílio. Mas um vindo de férias na Disney. E cujos patetas nunca deixaram de tumultuar. Ele voltou, sem nunca ter ido; e só quis falar de banalidades — preocuparam-se os plutos e outros nikolas. Estava cansado. Desanimado? Queria descansar. Veio de classe econômica? O humilde. (Que levou consigo, para casa, o Rolex cravejado de diamantes.) Oh!

Era Bolsonaro, vindo de gordo período de férias, três meses, sustentado sabe-se lá de que maneira, depois de haver permanentemente — presidente da República — atentado contra o equilíbrio republicano, provocador-mobilizador do delírio conspirativo que resultaria no 8 de janeiro. Voltou; quase que simultaneamente ao momento em que o país alcançava a marca de 700 mil cidadãos mortos pela peste. E voltou querendo descansar. Viagem cansa mesmo — mas só aqueles que estão vivos.

Ele voltou, vivo, com a vida ganha — renda a ser acrescida por mesada de Valdemar Costa Neto, repassador de dinheiros públicos tirados do fundo partidário. Voltou. O combatente da mamata, agora dirigente partidário. Exausto. Falando amenidades. Pela primeira vez em décadas sem gabinete. Está desanimado. Oh!

Bolsonaro voltou, o candidato à reeleição derrotado mesmo havendo distribuído bilhões de dinheiros — PEC Kamikaze — para financiar artificialmente sua competitividade. Voltou, o fugido; voltou de viagem lançada antes do término do mandato — voltou, assim como aos poucos voltam, para o Estado, as joias que ganhou dos ditadores sauditas. Voltarão? Voltou abatido. Mas não deixou de ir à janela saudar os fãs. O humilde. (Que até a última hora tentou reaver o colar de brilhantes para o pescoço da Minnie.)

Ele voltou. E não eram só as tietes os saudosos. Bolsonaro vicia. É também um modelo de negócios: chinelar a barata, pouco importando que seu regresso — o de um ex-presidente — tenha relevância menor. O Beatle engaja. Prende. Dá audiência, o Elvis. Fez mesmo algumas existências, o Coldplay. Gerou abstinência. E de repente volta. Que selvageria falará? Oh!

A fila andou, entretanto. Aquele cujas besteiras — as barbaridades — devem ser perseguidas, reproduzidas e analisadas doravante sendo Lula. New Kids on the Block. Bolsonaro já não é mais incontornável. Não impõe atenção automática. A palavra de Mercadante pesa mais. A de Prates. Já não será (quase) inevitável que paute o debate público. Liderará a oposição? Notícia. Liderará? Hum. Terá agenda, Brasil adentro, para articular as candidaturas a prefeito? Notícia. Terá? Hum.

Ex-presidente. Sem mandato. Um preguiçoso. Os passos de Bolsonaro que ora interessam são aqueles que o tornaram caso de polícia — e os que o levarão à Justiça. É preciso deixar o Coldplay ir embora. Descansar.

É preciso desapegar. Há um novo popstar, ainda que antigo. Olhe-se para seu show. A proposta de arcabouço fiscal não é crível. Percebo como advento saudável, no entanto, que essa, aborrecida, seja a questão mais importante da semana — algo de normalidade nos ronda finalmente. Valorizo a monotonia. Valorizemos. A previsibilidade.

Sabe-se que Bolsonaro — que a volta de Bolsonaro — serve de muleta para o exercício de alguma atividade crítica por aqueles que não conseguem criticar Lula. Mas, não sendo a dificuldade em falar do novo governo uma de natureza passional, nós nos reabituaremos a escrutinar Lula, em vez de lhe botar reparo em tom de aconselhamento.

Não faltarão temas. Por exemplo: se fosse Bolsonaro a cogitar a indicação do próprio advogado para o Supremo. Hein? E não precisa nem ser um que o tenha defendido com a intensidade e a longevidade de Zanin a Lula. Como seria?

SERÁ QUE CONCORDO COM LIRA?

10/4/23

Nunca imaginei que concordaria com Arthur Lira. Espero não me arrepender. A matéria da concordância é a proteção ao marco legal do saneamento, aprovado pelo Congresso e sancionado em 2020; e cujo objetivo tem décadas de atraso: universalizar a oferta de água e o esgotamento sanitário em dez anos.

A meta é ambiciosa. Não poderia ser diferente. Cem milhões de pessoas não têm rede de esgoto. São 35 milhões os sem água potável. Quase tudo vai por fazer. O Brasil precisa de intentos ousados para curto prazo. Em termos de saneamento, estamos — e mesmo em algumas áreas de centros urbanos modernos — nalgum buraco entre 1930 e 1940.

Quem dera a nossa vala fosse a língua de fezes que escorre pelas areias das praias — e que incorporamos como dado da paisagem. O nosso buraco é tão fundo que essa ferida em Copacabana se torna perfumaria. A nossa fossa é a que deriva de se tirar a cabeça da bolha para exercício de imaginação simples: se é assim em Búzios, como será onde não se monta cartão-postal?

Falharam historicamente as empresas estaduais encarregadas de retirar cocô da frente da porta pela qual as crianças saem de casa para ir à escola. E a explicação mais frequente em defesa dessas companhias, a de que foram sucateadas pelo aparelhamento político-partidário, consiste na própria corroboração-constatação de inviabilidade do sistema. (Sendo os aparelhadores e seus apaniguados os que militam pela sustentação do esquema viciado gerador de doenças.)

As companhias estatais tiveram muitas chances, não menos bilhões de dinheiros, para aterrar uma das fundações, decerto entre as mais aberrantes, da desigualdade — a combinação entre água tratada inacessível e esgoto a céu aberto — e não conseguiram.

Não conseguiram. Ponto final.

O marco do saneamento, ao dar vez ao setor privado, cria as condições competitivas capazes de oferecer uma alternativa crível — e longe de ser solução garantida, como demonstra, por exemplo, a operação dos trens urbanos no Rio de Janeiro. Gestão pela iniciativa privada da coisa pública — a Supervia ensina — não é a panaceia do mundo. As iniciativas ordenadas pela lei do saneamento, no entanto, são saneadoras. Botam a bola no chão. A legislação é boa. Não estabelece o fim das estatais. Exige que se estruturem para concorrer. Não é excludente. É estruturante.

É o caminho; a exigência — por investimentos em infraestrutura com o condão de sanear vidas — mobilizando reações em socorro de superfícies cujas existências ora têm por fim a manutenção de milhares de boquinhas.

O novo conjunto legal expôs a incompetência mais básica das empresas estaduais de água e esgoto. Não há outra qualificação para isto: mais de 1.100 municípios, com população de cerca de 30 milhões, tendo os contratos para serviços de água e esgoto considerados irregulares porque as companhias não conseguiram comprovar meios de promover os investimentos exigidos. Algumas estatais exercitaram o desaforo de nem sequer mandar a documentação à Agência Nacional de Águas e Saneamento Básico.

A isso, à exibição da impossibilidade de (do desdém em) enfrentar o problema dramático do saneamento no país, o governo Lula reagiu com os decretos — ilegais, por avançarem sobre prerrogativas do Parlamento — fiadores de sobrevida às empresas estaduais deficitárias. Canetadas que prorrogaram — atropelando determinação que só o Congresso poderia rever — os prazos para a comprovação da capacidade de investimento por companhias que jamais conseguiram ofertar minimamente o que lhes cabia.

O governo Lula não tem pressa em matéria de saneamento básico, uma urgência. É o que informa. Apressou-se, porém, em decretar pela permanência — na banguela — de empresas impróprias para prestar os serviços que lhes dão finalidade. O puxadinho segundo o qual companhias estaduais poderiam atender diretamente — sem licitações municipais — agrupamentos de cidades é autoevidente. A justificativa para a gambiarra obriga ou decreto legislativo ou ação ao Supremo: por meio desses ajuntamentos, descaracterizadas as unidades municipais, o estado seria considerado o titular do serviço — e cairia a necessidade de licitação.

Que tal?

O presidente da Câmara, generoso, chamou a manobra de "um absurdo". Disse que os dois decretos impõem retrocessos. E foi explícito ao afirmar que não aceitará retrocessos.

Lira é a favor de se aprimorar a legislação — mas não explicou em que consistiria esse aprimoramento. (Seria o caso de explicar também o que compreende por retrocesso; e retrocesso para quem.) É onde temo me arrepender ao lhe elogiar a disposição. Porque, se não resta dúvida de que qualquer mudança no marco do saneamento deve ser feita via Congresso, dúvida tampouco há de que se possa usar essa prerrogativa republicana para vender mais caro o assalto à lei.

PARTE 4

UNIÃO BRASIL: BIÓPSIA

12/4/23

O mais recente episódio do União Brasil merece especial exame. Não com a intenção de aconselhar governo. Não se dá conselho a governante — certamente não a um que preside o país pela terceira vez. O caso, porém, oferta elemento adicional — na hipótese de haver ainda dúvida — à comprovação de que se perde tempo ao tentar conquistar o não partido para a tal base parlamentar governista.

Fragmentado em grupos de interesse não raro antagônicos, o União Brasil pode ganhar quantos cargos do Planalto houver — e não fechará com o governo. Porque, não sendo um partido, sendo-lhe, pois, impossível a ordem unida, inexistente a liderança como conhecida no passado, funciona sob a lógica operacional do orçamento secreto: distribuição dirigida de emendas; dinheiros de liberação a ser negociada, parlamentar por parlamentar, a cada votação relevante para o Executivo.

O caso em questão, ora em curso, tem como base o Rio de Janeiro. Deputados federais do estado, filiados ao balaio, reagem ao que seria interferência do comando nacional do não partido na gestão de patrimonialismos locais. O grupo que quer sair do União Brasil é liderado pelo prefeito de Belford Roxo, Waguinho, o que inclui a ministra do Turismo, Daniela — do Waguinho.

O União Brasil, o não partido, é uma confederação de interesses. De interesseiros. Uma confederação de patrimonialismos — de patrimonialistas, portanto. É a federação de Waguinho que se rebela; empresa que ele pretende transferir para o Republicanos.

O não partido tem uma dinâmica esperta, estrutura mesmo para negócio, explorada-operada por todos os seus senhores: tem ministros; os ministros, entretanto, nunca são do União Brasil; ocupam as cadeiras sempre sob indicação pessoal de um cacique (do não partido); até o momento em que o governo cogita tirá-los do Ministério; ocasião em que os ministros passam a ser do União Brasil. Que não entrega base de apoio representativa ao governo. Que, no entanto, leva ministérios. Que, declarando-se independente do Planalto, nada tem com os indicados — a serem da cota de fulano ou sicrano. Mas que, quando ameaçados os assentos, não abre mão dos ministérios que suas federações levaram.

É do balacobaco.

Exemplo mais espetacular do que seja o União Brasil é o ministro do União Brasil que não é do União Brasil. Waldez Góes, do Desenvolvimento Regional, não é filiado ao União Brasil, mas é atribuído ao União Brasil; porque é ministro de Davi Alcolumbre, que é do não partido União Brasil — Alcolumbre sendo uma federação dentro do União Brasil.

Obra-prima.

Há até o União Brasil de Arthur Lira — que não é do União Brasil. O União Brasil de Lira sendo a federação de Elmar Nascimento, o líder do não partido na Câmara. Que, em disputa com Luciano Bivar, presidente do troço, trabalha para que os deputados rebelados do Rio possam deixar o não partido sem sanções, como a perda do mandato.

Trata-se da própria definição do não partido: seu líder na Câmara agindo — enfraquecendo a própria posição — para minar a (influência da) federação de Bivar. Que, por sua vez, quer para si, para a sua federação, o Ministério do Turismo, ora sob controle da federação de Waguinho.

Obra de arte.

O outro ministro do União Brasil é Juscelino Filho, cuja ascensão encarna o triunfo do orçamento secreto, aquele deputado maranhense que emendou o orçamento para pavimentar a estrada que serve a fazenda da família. Hoje comanda o Ministério das Comunicações de Lula, pasta que se move contra a privatização dos Correios, mas cujo titular privatizou o mandato parlamentar empregando até o piloto do próprio avião.

Juscelino é de Alcolumbre e de Lira, apadrinhado por duas federações poderosas. Filiado ao União Brasil, não era do União Brasil. Até se iniciarem as pressões para derrubá-lo. Virou do União Brasil. Elmar explicou — em resumo: o ministério não é do não partido; pedimos nada; mas, agora que deu, (se) tirar (o ministro) complica.

O recado é claro, a mensagem chantagista: agradar a Davi Alcolumbre não será má ideia — presidente da CCJ do Senado. Agradar a Arthur Lira, ora. Como não? Cargos e outras codevasfs, contudo, acarinham os graúdos, a cúpula. A rapaziada no chão da fábrica — Elmar já ensinou — gosta mesmo é de emenda liberada para a ponta. É isso o que faz girar o motor baixo clero do União Brasil: dinheiro apadrinhado do orçamento, com a cara do parlamentar impressa no trator, chegando aos municípios.

O apoio partidário do União Brasil, um não partido, é miragem no deserto. Anda-se — entrega-se — para jamais alcançar.

O mundo real — alcançável e movediço — consiste em oásis caro, o União Brasil para máxima entrega: negociação caso a caso, projeto por projeto, deputado por deputado, de emenda em emenda.

ALGUÉM PAGARÁ MAIS

17/4/23

A taxação a compras internacionais on-line anunciada pelo governo Lula confirma uma coisa e informa outra. Confirma: que o Estado precisará arrecadar muito (muito) mais — ou a conta do arcabouço fiscal não fechará. Outras medidas com intenção arrecadatória virão. E informa: que alguém pagará essa fatura. Para esse alguém, certamente alguéns, a carga tributária aumentará. Para com esses, pois, melhor será jogar limpo.

Jogando limpo: se o programa é para expansão consistente de receitas, alguém sempre pagará mais. Todo mundo sabe; ninguém gosta de ser considerado bobo.

O episódio comunica que o governo se lança em uma corrida por dinheiro. Todo mundo já sacou; até os bobos. Precisa-se de grana. Não será ilegítimo nem comporá estelionato eleitoral. Ou você ouviu a chapa presidencial vencedora apregoar, durante a campanha, que buscaria equilíbrio fiscal por meio de corte de gastos?

Por que não falar claramente? O arcabouço fiscal nunca pretendeu disfarçar. É engrenagem feita sob a demanda de um presidente que quer — sempre declarou que o faria — gastar. Investir. Né? Foi eleito assim. Uma regra projetada para rebater o aumento de despesas via incremento de arrecadação. Se o arcabouço fiscal nunca quis enganar, por que a premissa que o viabilizará — crescimento vigoroso de receitas — quereria?

O episódio comunica que a comunicação ainda não entendeu que se comunicar pressupondo tratar com trouxas nunca resultará bem. O cidadão sabe que pagará mais. Se pagará mais, espera que lhe seja informado por quê. Pagará mais como consequência — não é essa a letra? — de um esforço maior por enfrentar a sonegação. Não se dá conselho a governante, mas há chances de o cara acreditar que seu sacrifício adicional integrará uma empreitada por vencer injustiças.

O sujeito talvez se conforme se perceber que a sua compra de 50 dólares de repente ficou mais cara como parte de um conjunto que passou a cobrar de graúdos que não pagavam tributos — as casas de apostas on-line, por exemplo. (E nem me dedicarei aqui ao conflito de interesses que envolve esses sites de jogatina patrocinarem clubes de futebol — o próprio objeto de sua atividade. A rigor, patrocinam o futebol no Brasil. Outra conta que não fecha — contratação segura de encrenca.)

O Ministério da Fazenda fala em reduzir distorções tributárias. Ampliando o tamanho dos peixes, fala em rever isenções fiscais. Ótimo. Há muitas — e muitas ineficientes. Todo mundo será a favor do fim de desonerações exageradas. Certo? Todo mundo apoia a revisão de privilégios tributários — desde que sejam os dos outros.

É onde o bicho pega. Também onde o mundo real se impõe; os limites mostram os dentes. O mundo real se imporá no Parlamento. Passará pelo Congresso qualquer pretensão por diminuir isenções fiscais; e o Congresso, com grupos de interesse muito bem representados, tende a resistir.

O cínico afirmaria que aprovar o arcabouço — o esqueleto — será moleza. (Já está aprovado, concorda o realista, desde o acordo pela PEC da Transição.) Difícil sendo a aprovação do regime, do tipo de dieta, que o porá de pé. Porque, pela gordura do governo, alguém teria a carne cortada.

Em nome de Lula ter picanha para queimar, seria necessário talhar na maminha de setores poderosos que historicamente só tiveram o lombo engordado. É crível? Desta resposta derivam as possibilidades de o arcabouço fiscal vingar.

A regra de Haddad é transparente, concebida — sob a medida do presidente — para que, ao aumento de despesas que virá sempre, corresponda superior acréscimo de receitas. Será ritmo acompanhável? A questão sendo se o volume de gastos por vir transformará a regra fiscal — a capacidade de arrecadar exposta à luz do mundo real — em peça de ficção.

Haverá tanta carne alheia a ser cortada — e será possível cortá-la — de modo a que a nova regra fiscal não tombe logo atropelada, como destelhado de todo foi o teto de gastos? Há de onde extrair receitas para que a conta se equilibre pelo menos até o final deste governo? Porque as próprias balizas da proposta sugerem ser para voo curto.

As perguntas surgem. Não são vereditos. Apenas pulgas atrás da orelha do leigo esforçado.

Haverá tantas distorções tributárias cujas reversões possam fiar o plano fiscal por ao menos quatro anos? E, na hipótese de haver, estará o Parlamento disposto a bancar revisões que contrariem lobbies influentes com corpo dentro do Congresso?

Observando o arranjo das nuvens no horizonte e considerando que a sustentabilidade do arcabouço fiscal dependerá, incondicionalmente, de crescimento da arrecadação — crescentes sempre os gastos —, o ignorante quer saber: o que uma possível, para muitos provável, recessão global, com efeitos negativos sobre o PIB do Brasil, significaria para o cumprimento da nova regra fiscal?

COOPERATIVA DE POLÍTICOS
24/4/23

Levantamento d'*O Globo* apontou o Parlamento de 2023 como o menos produtivo em doze anos. E não só na quantidade de projetos apresentados — o que, *per se*, nunca seria critério para avaliação qualitativa. Desde 2011, contudo, comparados os períodos de fevereiro até a primeira quinzena de abril, o Congresso atual tem também menor número de sessões, de audiências públicas, de reuniões em comissões e de votações.

Por quê?

Não há respostas definitivas. (O intervalo amostral, não chegando a três meses, é curto.) O registro, porém, estimula reflexões. Há um novo governo. E houve o 8 de janeiro. Não sendo Poder isolado, o Legislativo — mesmo anabolizado pelo senhorio do orçamento — decerto terá seu ritmo algo condicionado pelo passo do Executivo; e jamais andaria, ainda que comandado por um autoritário, sem que sua agenda fosse afetada pela tentativa de golpe.

O autoritário é Arthur Lira; não sendo Rodrigo Pacheco, a porção alta de Alcolumbre, esse estadista todo que a propaganda vende. (Ninguém entrega a CCJ para Davi pensando em entregar atividade legislativa.) Há um desequilíbrio.

O governo Lula colabora para a menor produtividade do Congresso ao pretender encaminhamentos infraconstitucionais sobre temas que cabem ao Parlamento. Foi assim com os decretos que pretenderam alterar o marco do saneamento. Ao tentar se espalhar, o Planalto trombou num Congresso que opera com autonomia derivada do domínio de muitas chaves do cofre.

Há um desequilíbrio. E também um governo que pensa estar em 2003.

A combinação entre novo governo, que enfrenta dificuldades para compreender a natureza do Congresso em 2023, novos parlamentares, porque também nova é a legislatura, e a ocorrência dos ataques contra a República explicarão em parte a marcha lenta do Parlamento. Em parte.

Porque será preciso olhar para a atividade — acelerada — daqueles que comandam as Casas, sobretudo Lira. Sua agenda avança. É ao mesmo tempo autoritária e corporativista. A Câmara que produz pouco sendo a mesma que produz (muito) em causa própria — não raro pela causa de seu presidente.

O episódio das medidas provisórias exemplifica o modelo. Lira, depois de atropelar o regimento interno para suprimir ritos, não tardaria a investir contra a

Constituição. Armou a blitz mirando nas comissões mistas. Seu objetivo, no entanto, sempre foi alterar a composição dos colegiados, de modo que a Câmara tivesse mais cadeiras.

Sob a capa corporativista de garantir espaços à Casa que preside, trabalha por assegurar a multiplicação de assentos que possa distribuir. A agenda do produtivo Lira corre, enquanto o Parlamento fica.

A culpa, entretanto, será do novo governo; tanto o presidente da Câmara quanto o do Senado apontando as dificuldades do Planalto em firmar apoio parlamentar. Lira, generoso que é, "não quer testar a base do governo enquanto eles não se organizam na Casa".

O magnânimo protegendo o governo... Como se as dificuldades do Planalto, à parte a incompetência de seus articuladores políticos, não fossem mormente produto da cultura que Lira encarna e dinamiza.

A cultura que Lira encarna e dinamiza impõe uma questão: será possível ao governo ter base de sustentação como no passado? A resposta é não. Mas a benevolência do imperador continua a vender terrenos na Lua.

A história recente do Congresso, especialmente da Câmara, está aí.

O Parlamento progressivamente esvaziado de atividade política. A ideia de líder — e de liderança, portanto — aos poucos erodida; até que se impusesse o cada um por si vigente. Não será mais possível o mensalão. Oba! O lance agora transitando diluidamente entre orçamento secreto e emenda Pix. Líder doravante sendo Elmar Nascimento. Hum.

Aos elmares, pois, as codevasfs — e os tratores, na ponta, para os primos. Aos do baixo clero, a liberação, pelos padilhas, das cotas de que são donos. Será assim, a cada votação, soltando a grana em troca de apoio episódico, de um em um. A condição de parlamentar transformada num fim em si mesmo. O eleito tem milhões em emendas — a isso se resumindo o mandato. Pague-se. Vote-se. E se inicia novo ciclo.

Não se chegou aqui sem muita produção.

Os liristas da pandemia aproveitaram a peste para minar os debates e desmobilizar comissões — a tecnologia, na forma de sessões on-line, instrumentalizada para a cassação da palavra. Paralelamente, ampliava-se o controle do Parlamento sobre rubricas orçamentárias. Até que triunfasse o modelo União Brasil de existência parlamentar. O Congresso, porque também fatia alcolúmbrica do Senado, vertido numa grande cooperativa administradora de fundos orçamentários.

Discutir para quê?

O Parlamento, confederação de proprietários do orçamento, a produzir cada vez menos porque, tendo feito cama para si, aboletou-se à espera de que o governo lhe venha barganhar o tempo das liberações. A pressa ficou relativa. É uma hipótese.

MALTRATA QUEM TE ADORA

1/5/23

"Presidente da Câmara não é um agregado. Ele é um parceiro." Traduza-se: não é anexo; pode ser sócio.

O Globo de domingo trouxe entrevista com Arthur Lira. Que comunica: a forma como o governo tenta erguer coalização não funcionará.

Para quem ainda tivesse dúvidas sobre a inviabilidade do modelo de constituição de base via oferta de ministérios: "está comprovado que não vai dar certo."

É o presidente da Câmara quem afirma-informa, transparente como deveriam ser as distribuições do orçamento.

"As emendas resolvem isto sem ser necessário um ministério." Significado de "isto": governabilidade. Elmar Nascimento, federação lirista no União Brasil, já desenhara: cargo é para cúpula, coisa de elite; o baixo clero quer dinheiro na ponta. Libere e ande uma casinha.

Lira avança: "Da forma como está, o parlamentar fica com o pires na mão, e um ministro, que não recebe votos e não faz concurso, é quem define a destinação de R$200 bilhões para municípios."

Não será necessário explicar que o critério "concursado" não conta na hora de ele indicar parentes a cargos com trânsito de milhões. Tampouco, que ministro só dirige pasta sob delegação de um presidente eleito.

Importante é explanar que não há parlamentar com "pires na mão". Especialmente se associado a Lira. O Congresso controla imensa fatia do orçamento; e, a um ministro, o que sobra de poder estará em administrar o ritmo — o tempo — das liberações.

O orçamento secreto não acabou. Os mecanismos de operação das emendas do relator foram mantidos. Pela PEC da Transição, o governo Lula topou. A Lei Orçamentária Anual é clara em declarar que a grana, outrora sob RP9, transferida para a alçada dos ministérios (RP2) continua reservada — e só o relator pode alterar esse endereço — às mesmas codevasfs, conforme apontamentos dos padrinhos deputados e senadores.

É por isso que o senhorio de ministérios, pesado, lento, muito evidente, já não seduz. Parlamentar virou patrono de fundos orçamentários e votará com o governo episodicamente, depois de o Planalto negociar, por cada proposta, a liberação de parte dos dinheiros carimbados que — essa é a cabeça — lhe pertencem. Legado de Bolsonaro.

É margem pequena a do governo. Lira sabe disso. Finge, porém, que a fonte secou; que o fim formal da emenda do relator teve efeitos práticos: "Eu sempre disse que o orçamento é muito mais democrático se decidido por 600 parlamentares do que por dez ministros."

Interrompa-se o presidente da Câmara para notar que jamais será democrática a gestão opaca de orçamento público, ademais se conduzida autoritariamente. O orçamento democrático, sob a capa corporativista de incluir 600, é aquele cujas distribuições são determinadas por ele, Pacheco e outros alcolumbres — em benefício de aliados. As distribuições continuam.

Lira continua, ainda sobre a morte do orçamento secreto mais vivo que nunca; e agora, como se comentasse a superação de um vício: "Me elegi sem RP9 e tenho tido uma boa relação sem ela. Não interfere em nada na minha vida."

Seria bela vitória sobre um revés, fosse verdadeiro.

Arthur Lira se reelegeu — deputado e presidente da Câmara — com a corda e a caçamba da RP9, um dos patrões da Codevasf, senhor da autarquia em Alagoas, estado ao qual designou, por meio da estatal, mais de R$40 milhões no ano eleitoral de 2022.

Elegeu-se com RP9 — corrija-se — e tem tido uma boa relação com a modalidade criada para driblar o Supremo e manter o sistema. As distribuições continuam.

"Não interfere em nada na minha vida" — porque nada se alterou.

"Não interfere em nada na minha vida." Retome-se com a fantasia de superação. "Mas, na governabilidade, sim." Em resumo: para mim, que sou o cara, muda nada; fica ruim somente para o governo. Para além da grandeza, a franqueza. "Sabemos o que os partidos querem: favorecimento de obras e serviços públicos para aumentar o seu escopo político e atender as suas bases."

Não são os partidos que querem. Lideranças partidárias escassearam. A cultura do União Brasil, confederação de patrimonialistas, triunfou. Solte o dinheiro apadrinhado e tenha boa chance de aprovar o projeto de interesse. Repita o processo no próximo.

"O governo precisa se organizar."

Que organização será essa?

"Talvez a turma precise descentralizar mais, confiar mais. Se você centraliza, prende muito. Há muita dificuldade, talvez pelo tempo que o PT passou fora do poder."

Lira informa que 2003 passou faz vinte anos. A dinâmica que produziu o mensalão está ultrapassada. A nova não é melhor.

Mas o Planalto não faz gestos ao senhor, mantendo primos seus no comando da Codevasf e do Incra de Alagoas?

"E eu também não tenho gestos para o governo? Ou sou contra eles? Tenho atuado para maltratar alguém?"

Atue para não prender muito. Faça gestos. Descentralize, com primos no meio, e confie. Maltrate a impessoalidade republicana. Jamais os parceiros.

BASE PARLAMENTAR EPISÓDICA

8/5/23

O Parlamento não opera como em 2003 — e o governo tem dificuldade em encontrar o passo para uma relação que mudou. O Congresso ora se move sob outra gramática, derivada de administrar superfície relevante do orçamento. A marcha foi alterada. O ritmo nunca mais será aquele de quando Lula presidiu o país pela primeira vez. Tampouco poderá ser — assim deseja o governo — o do período de Bolsonaro.

Os termos do impasse estão evidentes; o modo como se concertou para manter o orçamento secreto nos permite projetar que um eventual acordo passe pela camuflagem dos vícios.

Não se admite, no governo, que o trânsito entre Planalto e Parlamento seja como o dos últimos quatro anos. Reage-se, no Congresso, para informar que não será como há duas décadas. O Parlamento se tornou uma cooperativa gestora de fundos orçamentários. O governo quer ter maior poder sobre a destinação dos fundos.

Eis o nó.

Um choque entre dois passados: o distante, saudoso para o governo, que não existe mais; e o recente, ainda com restos a pagar, por cuja permanência o Congresso peleja.

Não havendo mais lideranças partidárias capazes de mobilizar os seus, como um pacote, por agenda de governo, não haverá mais previsibilidade nem mensalão. Base parlamentar doravante episódica. Construída votação por votação, corpo a corpo. O orçamento secreto acabou formalmente, mas continua. É, aliás, a linguagem de negociação corrente.

O parlamentar sabe que o dinheiro lhe pertence; que foi apenas deslocado de rubrica, da maldita emenda do relator (RP9) para o balaio RP2. Sabe que o Planalto topou, pela PEC da Transição, compor o puxadinho que driblou o STF e reservou a grana sob a fachada dos ministérios. Pague-se. O governo segura.

O Congresso, que depende menos do Executivo, forjou espécie muito particular de independência; independência que o Planalto tenta contingenciar. Explica Marcos Pereira, presidente do Republicanos, em entrevista a *O Globo*:

— O Republicanos é independente e será até o fim do mandato do Lula. Isto significa negociar pauta a pauta.

Negociar pauta a pauta significa que o governo, pela aprovação de um projeto, terá de tratar com cada deputado o tempo e o volume de liberação de emendas de que os parlamentares são senhores. Esta é a valsa. E o Planalto a aceitou; agora resistindo para impor alguma gestão sobre as distribuições.

De novo Pereira, também vice-presidente da Câmara:

— (...) ouço reclamações no plenário sobre a demora dos recursos das emendas, de colegas que têm ministérios dizendo que não podem indicar cargos de segundo e terceiro escalões, que têm dificuldades em nomeações.

Está armada a sinuca. Os "recursos das emendas" são dos parlamentares. Terão de ser liberados, num arranjo que o governo chancelou antes mesmo de iniciar. Mas o Planalto breca o relógio das distribuições porque não quer reproduzir o esquema de ministérios como meros carimbadores.

Pereira, ouvindo de terceiros, e Elmar Nascimento, direto, têm pressa. Há que "descentralizar" — conforme o glossário de Arthur Lira. Descentralizar, entretanto, não garantirá aprovar qualquer matéria. A independência orçamentária do Congresso banca a altivez por rejeitar decretos invasivos como aqueles com os quais o governo pretendeu dilapidar a Lei do Saneamento.

Também merece nota a observação de Pereira sobre os colegas que "têm" ministérios e não os levariam com a porteira fechada. O Planalto sempre em busca de maior controle. Não será fácil. Nem necessariamente melhor para a República. Está aí, repito, a forma disfarçada do orçamento secreto a mostrar um tipo de solução pela governabilidade. Outras acomodações tendem a vir. A turma no Congresso se acostumou aos modos fluidos de quando Ciro Nogueira articulava; e o governo precisa tocar sua pauta no Parlamento.

Será tudo mui escorregadio. O Republicanos, sem vender terrenos no céu, exercita o modelo "União Brasil light":

— Não teremos cargos no primeiro ou no segundo escalão do governo federal. O que não quer dizer que deputados não possam indicar em seus estados.

O partido não terá cargos, mas seus integrantes podem ter. Não serão cadeiras do partido. Ainda que ocupadas por seus membros. Isso é independência. Manja? Fica mais claro quando posto o caso de Daniela do Waguinho, ministra do Turismo, que tenta migrar para o Republicanos:

— Se conseguir vir antes [da janela de 2026], ela não será uma ministra da cota do Republicanos, assim como não é, atualmente, do União Brasil. Seguiremos independentes com ou sem ela.

A ministra seria do partido; mas o ministério, não. Assim funciona no União. Experimente-se, porém, tirar-lhe a cadeira. Se deu, pegará mal tomar. Né? Pode atrapalhar a relação.

Diria o cínico que o que pode atrapalhar a relação também poderá abrir janela de oportunidades. E seja o que Deus quiser, diria o crente — nada a ver com a propriedade do Republicanos.

GLOSSÁRIO LIRA
10/5/23

Arthur Lira está em Nova York para debater o Brasil. Não para explicá-lo; muito menos se explicar. Tem falado bastante. É o presidente da Câmara. Merece atenção. Seus discursos merecem análise. Destaco — e comento — trechos do que disse ontem.

— Nós temos como metas agora para este semestre [a aprovação do] arcabouço fiscal (...).

Lira projeta um objetivo. Apregoa um compromisso. Na prática, contudo, planta dúvida. Planta dúvida onde não há. O arcabouço fiscal — a receber ajustes — já está aprovado. Ele, mais que qualquer outro ser no mundo, sabe. Está aprovado desde o pacto pela PEC da Transição, ainda no governo Bolsonaro. Sua aprovação compôs o acordo que incluiu a manutenção camuflada do orçamento secreto — o que garante a distribuição de bilhões em emendas parlamentares. O presidente da Câmara, entretanto, sugere incerteza e vende dificuldades — que ele, claro, poderá resolver. O ilusionista Lira a se inflar mais poderoso do que já é.

Retomo:

— Nós temos como metas agora para este semestre [a aprovação do] arcabouço fiscal, muito embora o Congresso Nacional esteja num momento ainda de acomodação política ao novo governo. Arrumações políticas que são importantes que aconteçam.

O caso do "muito embora". A arte da construção — o peso da vírgula. Temos metas — vírgula. E então o senão. "Muito embora" é locução concessiva. Locução conjuncional concessiva. É o "se bem que". Temos metas — e temos dúvidas. Lira e sua forma de ressalvar. Surge a indefinição. Mais importante e urgente, pois, será entender o que significa, no Glossário Lira, "acomodação política". "Arrumações políticas" — a outra expressão de que se valeu. Ele trata do impasse do momento. Nos seus termos:

— O mundo do Brasil de 2002 [quando Lula foi eleito presidente pela primeira vez] não é o mesmo de 2023 (...).

Traduzindo para a realidade do Parlamento: o Congresso de 2023, o Congresso Lira, não é aquele de quando Lula governou, entre 2003 e 2010. É o que informa o presidente da Câmara. O governo, por sua vez, retruca: tampouco será — assim deseja o Planalto — o Congresso dos anos de Bolsonaro. Eis a sinuca. O que se precisa arrumar em busca, afinal, de acomodação.

O Parlamento se tornou uma cooperativa gestora de fundos orçamentários. E o governo Lula quer ter mais poder sobre as destinações desses fundos. A enrascada tem a ver com o puxadinho erguido pela permanência do orçamento secreto.

Fulminada, ao menos formalmente, a emenda do relator, e fundamental a aprovação da PEC da Transição, o Planalto aceitou que ministérios (RP2) abrigassem — para fintar o Supremo — dinheiros que continuariam sendo dos deputados e senadores, conforme acerto e distribuição anteriores ao fim da modalidade pervertida de RP9. Tudo perfeita e transparentemente posto na Lei Orçamentária Anual. Basta olhar. Ao governo cabendo pagar — no máximo podendo controlar o tempo das liberações. (Como era com Bolsonaro.) Mas o Planalto tenta só pagar se puder influir nas destinações.

É onde estamos. Lira sabe. E capricha no recado:

— [Esperamos] que o bom senso impere e que saibamos que a Câmara e o Senado aumentaram o seu protagonismo.

"Protagonismo", no léxico lirista, significa vasto controle sobre a superfície do orçamento. Uma modalidade de independência. Independência da qual deriva a liberdade para o exercício da natureza — à direita ("liberal", segundo Lira) — deste Parlamento. O governo terá de liberar os recursos das emendas — que, vela cheia para a linguagem patrimonialista, são dos parlamentares. Mas isso somente não bastará. O protagonismo do Congresso comunica que há matérias que não prosperarão — decretar, por exemplo, contra a Lei do Saneamento.

Arthur Lira prossegue, para que não haja enganados:

— Todos dirão que a principal reforma sobre a qual o Congresso tem que se debruçar é a reforma tributária.

Reformar a estrutura tributária brasileira seria movimento adiante — que faria o país andar para frente.

Retomo — para que o presidente da Câmara exponha posição francamente defensiva:

— Todos dirão que a principal reforma sobre a qual o Congresso tem que se debruçar é a reforma tributária. Não.

"Não" — crava Lira. A principal reforma será reativa. Reagir — "brigar" — contra o que considera, falando em nome do Parlamento, retrocessos:

— A principal reforma pela qual o Congresso brasileiro terá de brigar diariamente é a reforma de não retroceder em tudo o que já foi aprovado no Brasil no sentido da amplitude do que é mais liberal. Não retroceder será a nossa principal reforma.

Está tudo aí.

O MAL-ESTAR DO DIREITO

11/5/23

O episódio é: Alexandre de Moraes, ministro do Supremo, mandando um aplicativo de mensagens apagar comunicado — remetido a seus milhões de usuários — em que se opunha ao Projeto de Lei 2630/2020, conhecido como das Fake News.

A questão — a questão inicial — é: estará, quem criticar a determinação de Moraes, fazendo o jogo dos que são contra o PL?

Contraponho: não estará — o próprio ministro — fazendo o jogo dos que são contra o PL?

Aqueles contra a regulação das redes nos termos conhecidos do projeto falam que a lei poria em risco a liberdade de expressão. Será absurdo — criminoso — considerar o que Moraes fez um ato de censura? Certamente pode ser — já está sendo — apregoado como tal.

Não quero, entretanto, fazer análise sobre exploração política da decisão. Seria caminho fácil. Nem dar conselho a ministro de Corte Constitucional, o que seria ridículo.

Quero discutir, a partir do que escreveu Moraes e considerando as balizas que propõe, se a mensagem do Telegram pode ser comparada aos ataques à República, aqueles que culminaram no 8 de janeiro, e caracterizada como "flagrante e ilícita desinformação atentatória ao Congresso Nacional, ao Poder Judiciário, ao Estado de Direito e à Democracia Brasileira".

É possível avaliar que a mensagem do aplicativo estivesse errada e trouxesse compreensão distorcida sobre natureza e objetivos do PL. E é mesmo necessário questionar se, vendendo-se historicamente como plataforma neutra, não haveria um problema em o Telegram se posicionar ativamente como fez. Seja como for, estaremos falando de opinião.

Não será legítimo, conforme a Constituição, que a empresa, parte interessada, expresse que o projeto, uma vez aprovado, poderia se desdobrar em censura?

A decisão de Alexandre de Moraes não consistiu apenas em mandar que o Telegram apagasse a comunicação remetida, mas que a substituísse por outra — com, francamente, a opinião do ministro sobre a mensagem do aplicativo.

Atentarei contra a democracia, nos termos iluministas de Moraes, ao dizer que ele excede?

Não é questão pessoal. E aqui, sem cinismo, preciso dizer que entendo que haja gratidão por Moraes ter defendido a democracia brasileira, sobretudo no período eleitoral — e daí um certo melindre em criticá-lo. Bolsonaro foi um trauma e deixou medos. Deixou também — porque pode voltar e porque o bolsonarismo veio para ficar — uma licença para que sejam tratados como antidemocráticos os que puserem reparo em atividades do STF e do governo Lula.

No curso de sua gestão excêntrica sobre alguns inquéritos, o ministro tem acertos e erros. Mesmo que vivamos num período em que vai esfacelada a capacidade de observar nuances, não será aceitável — fácil, sim — olhar as decisões de Moraes como pacote fechado. E não é simples analisar os lances quando pensamos em seus efeitos; quando pensamos sobre se terão produzido efeitos.

Os atos golpistas de 8 de janeiro ocorreram mesmo com as mobilizações excepcionais do ministro. "Teria sido pior sem elas" — já escuto. Não tenho como cuidar desse argumento. Sei que se pretendeu, em Brasília, mesmo com Moraes, com tudo, explodir caminhão-tanque cheio de combustível dentro do aeroporto.

Repito: não é questão pessoal. Aliás, é impessoal. Ou melhor: em defesa da impessoalidade. Mas é claro que parecerá pessoal. Isso decorre do fato de se tratar de mais uma medida monocrática. Vamos empilhando- as, como se estivéssemos num cada um por si chancelado simplesmente pelo STF.

O Supremo parece ter se convertido em escada para os exercícios e experimentos individuais de Alexandre de Moraes pela democracia. Isso não é normal. E o Brasil precisa de normalidade. Ou admitiremos, afinal, que esse gênio não voltará mais para a lâmpada? (Não quero entrar no desenvolvimento, em busca de apoio no espírito de corpo, de que esse poder — na mão de um Alexandre bolsonarista — tende a se voltar contra o jornalismo.)

Outro legado do "risco Bolsonaro" é uma autorização a arbitrariedades sob a bandeira da virtuosa luta contra o autoritarismo. Essa autorização tem validade eterna.

O inquérito das fake news também; sob o qual, por óbvio, encaixou-se a ordem contra o Telegram. Um inquérito em que tudo cabe, viciado de largada, que jamais teve objeto definido — tocado monocraticamente por um ministro delegado de um tribunal constitucional que opera ao mesmo tempo como vítima, promotor e juiz.

Inquérito permanentemente aberto, tragando de tudo, e que nunca será fechado — condição a que sirva como plataforma sempre disponível às atividades liminares de Moraes.

O país precisa de normalidade. Precisa também de regulação às redes. O PL 2630/2020 tem virtudes. Tem também defeitos — quase todos derivados da pressa.

É preciso atentar para a disfunção estrutural produzida pelo aterramento de ritos próprio aos regimes de urgência de Arthur Lira.

É preciso, acima de tudo, mesmo com Lira e seus elmares, defender que a discussão — que haja discussão — ocorra no Congresso. O Legislativo tem seu tempo, ainda que seus dirigentes trabalhem contra a natureza — a da representação e do contraditório — do ofício parlamentar. O Legislativo, melhor com ele, tem seu ritmo.

A regulação das redes é necessária e o caminho passa por poder responsabilizá-las, numa espécie de autorregulação mediada. O advento do que se nomeia por "dever de cuidado" é um acerto; sendo óbvio que o marco legal da internet, ao isentar as redes de arcar com o peso dos conteúdos que abriga, tem inconstitucionalidades. Que o Supremo, em plenário, as declare. Ponto.

A regulação cabe ao Parlamento. O Brasil precisa de normalidade. Não de heróis.

ELMENDAS
15/5/23

O orçamento é secreto. Elmar Nascimento, não. Não há constrangimento. O papo sai reto. Patrimonialista e reto. Os entrevistadores, Gabriel Sabóia e Lauriberto Pompeu, fizeram as perguntas necessárias sem enrolação — e ele entregou sem rodeios. Deu n'*O Globo*.

Se toda a verba outrora do orçamento secreto ficasse com o Congresso, a articulação política melhoraria? Esse não seria um modelo fisiológico, de troca de recursos por votos?

— O governo não teria dificuldades. O Bolsonaro tinha uma base sólida. A estratégia do governo Lula, de participação via indicação de ministros, não traz base consolidada. O chão da fábrica, que é o plenário da Câmara dos Deputados, está muito mais ligado à execução de obras nas bases do que à ocupação desse tipo de espaço, que não chega para eles.

Trata-se de mais uma peça jornalística incontornável para o entendimento da linguagem parlamentar corrente e da dinâmica do relacionamento entre governo e Congresso. (Notável também que o deputado, líder de frondosa federação dentro do União Brasil, ignore a segunda parte da pergunta. Não há constrangimento.)

— O plenário não tem relação com ministérios. Com as emendas, sim.

Com os fluxos de emendas sem filtros palacianos, ritmo em que os donos do Congresso ordenam e o Planalto carimba, "o governo não teria dificuldades". Fazer ministros, prática de 2003, só acarinha a cúpula, os liras e os alcolumbres. O baixo clero profundo em que consiste a Câmara só responde a estímulos imediatos: dinheiros liberados para seus municípios.

Pode ser que Bolsonaro tivesse base sólida. Foi ontem. Já uma impossibilidade hoje. O "chão de fábrica" só responde a estímulos imediatos — negociados no corpo a corpo e a cada votação. Base fluida e episódica. Que, no entanto, quer mais.

Referi-me a "mais uma peça incontornável" porque o próprio Nascimento tem falado bastante. Idem Arthur Lira. A turma é afinada. A ordem, unida. O recado, inequívoco.

O Parlamento tem saudade da fluência das relações com o Planalto conforme havida nos anos Bolsonaro, notadamente a partir de Ciro Nogueira na Casa Civil. E se ressente de o governo não cumprir automaticamente o que fora combinado — via manutenção do sistema operacional do orçamento secreto — quando do acordo que garantiria a aprovação da PEC da Transição.

Isso é chave. Desconheço clareza maior:

— E há gente do governo contra um acordo que foi feito na época da PEC da Transição para a manutenção do controle dos deputados sobre todo o orçamento originário da RP9.

O orçamento originário da RP9, ainda que realocado, continua sendo dos parlamentares — está na Lei Orçamentária Anual. Foi acordado. Mas o Planalto tenta ter controle sobre o rumo das distribuições. É onde o bicho pega.

— São muitos erros na condução política. O primeiro ocorreu quando o Supremo Tribunal Federal interveio e cancelou a RP9 [o orçamento secreto].

O STF decidiu em defesa de princípios constitucionais elementares. Demorou até. E não interveio. Provocado, exerceu o controle de constitucionalidade, em nome da transparência e da impessoalidade. Tampouco cancelou a RP9. Apenas proibiu o uso pervertido, opaco e autoritário, de suas ferramentas.

Nascimento, destaque-se, não distingue Corte Constitucional brasileira e agentes político-partidários — o que mereceria alguma reflexão pelos membros do tribunal. O Supremo compreendido como parte influente — e sob influência — no jogo político.

— O governo não trabalhou para tentar manter a existência da RP9.

O Planalto não via com maus olhos a restrição formal à emenda do relator. Mas não se negaria, e não se negou, a compor um novo pacto — lavrado, repito, na LOA — para que os dinheiros do orçamento secreto, doravante sob suas asas, continuassem como propriedade dos parlamentares. É o acordo a que se refere Nascimento. A cujo cumprimento instantâneo o governo ora resiste. O impasse.

O Planalto não via com maus olhos a restrição formal à emenda do relator porque pretendia encaixar um modelo em que pudesse pautar os destinos das granas que deputados e senadores consideram suas. O Parlamento não aceita. O impasse.

— Ficou um vácuo em que você tinha que definir para onde iriam aqueles recursos do orçamento. Metade foi transformada em emendas impositivas e metade em RP2 [a cargo dos ministérios].

Não existe vácuo em política nem em orçamento público. A solução encontrada foi boa para todos os envolvidos: tirou a pressão sobre o STF, que se pronunciou e seria enganado; manteve os recursos todos sob apontamento dos parlamentares, o Congresso como cooperativa gestora de fundos orçamentários; e deu ao governo perspectiva de poder influir na distribuição desses recursos.

Como perspectiva é também expectativa, donde igualmente esperança, Elmar Nascimento fala para que não haja iludidos.

CODEVASFIZAÇÃO
22/5/23

Loja de políticos — assim reportagem da *Folha* se referiu à Codevasf. Poderia ser "loja para políticos", vitrine em que parlamentares escolhem os produtos que mandarão para suas bases. Há até catálogo com equipamentos que podem ser remetidos por meio da companhia. A própria estatal, originalmente dedicada à irrigação, criou o mostruário. Além dos mais frequentes tratores, já distribuiu freezers, batedeiras, notebooks e máquinas de costura.

A Codevasf se tornou, a partir do governo Bolsonaro, superfície essencial para o deságue de bilhões em emendas parlamentares. Num milagre de proporções alcolúmbricas, os vales do São Francisco e do Parnaíba chegaram ao Amapá. Multiplicação de alcances que não mudou com o governo Lula. Nem poderia, já que o sistema do orçamento secreto — deslocando-se para enganar — continua em operação.

Se o motor do orçamento secreto permanece acelerado, constante será a necessidade de a Codevasf ampliar a variedade de suas irrigações. Orçamento secreto e Codevasf são corda e caçamba. Evoluem — modernizam-se para continuar sob perversão — em dupla.

Relembro o artigo 4o da Lei Orçamentária Anual de 2023, cuja redação formalizou a manutenção dos dinheiros da finada emenda do relator sob propriedade dos parlamentares. A segunda complementação de voto do senador Marcelo Castro vedou o cancelamento, sem o seu aval, de dotações de despesas discricionárias que decorram de indicações do relator (ele); e definiu que a destinação dos recursos — os quase R$10 bilhões que migraram para os cuidados dos ministérios (RP2) — persistiria, sujeita a indicações apresentadas pelo relator-geral do orçamento (ele, Castro, em nome dos parlamentares).

A grana moveu-se, no papel, para RP2, mas, na prática, ficou com os parlamentares. A grana é dos parlamentares. Essa solução compôs o acordo pela aprovação da PEC da Transição.

Se a dinâmica do orçamento secreto perseverou, necessária e próspera será a Codevasf; que, para se adaptar à natureza do petismo, também se transformaria.

Sob Lula, a companhia manteve o ritmo de distribuição de equipamentos conforme tocado com Bolsonaro, mas acrescentou um modelo de beneficiários para além das prefeituras: associações comunitárias, cooperativas e sindicatos, agradados de igreja evangélica e até entidade de garimpeiros. Espécie de organização particular para as quais a fiscalização é ainda mais precária do que a já parca que se aplica aos municípios.

Sob Lula, a Codevasf tem planos de expansão. Se há bola dividida entre aliados pelo controle de uma superintendência estadual, por que não criar segunda sede? Mais superintendências, mais cargos. Mais superintendências, maior a superfície a encharcar. Se há disputa pela estatal em Pernambuco, ora, deixa-se Petrolina como está — e inaugura-se Codevasf em Recife. Se a estatal em Minas Gerais, situada em Montes Claros, está com o grupo de Rodrigo Pacheco, abra-se uma sede em Belo Horizonte — e se acomode outra turma.

A evolução da Codevasf, em volume e opacidade, é a prova de como marcha a institucionalização do orçamento secreto. A codevasfização do Orçamento da União. Elmar Nascimento materializa o processo. Sua entrevista a *O Globo* ainda merece exame.

Ele é o líder da federação lirista no União Brasil e, mesmo aborrecido com as dificuldades impostas pelo Planalto ao cumprimento automático do acordo que deveria dar fluência ao pagamento das emendas, manteve o senhorio da Codevasf. Isso não ajudaria na relação com o governo?

— Não tenho dúvida que melhora. Mas também há alguns ruídos, já que a Codevasf, desde setembro, não recebia um centavo. Recebeu agora 30% do total que tem de restos a pagar. Se reparar, quase todos os líderes partidários são do Nordeste. Pela capilaridade da Codevasf, é um órgão que tem atuação muito forte na região, com muitos recursos que vêm do Congresso. Quando o atual presidente da Codevasf assumiu, o orçamento era de R$300 milhões, e a empresa só tem receita oriunda de recursos de emenda. Hoje, passa dos R$4 bilhões, porque ele começou a fazer as coisas funcionarem. A manutenção dele na presidência foi originalmente uma indicação minha, mas passou a ser defendida por todos, pela forma equilibrada e diligente com que ele trata todos os partidos.

A capilaridade aumenta. Os restos a pagar — de emendas do relator — umedecem esse alcance. A água pra valer ainda virá, afogando os ruídos. O governo, que estica a corda para tentar influir no destino dos fundos, tende a ceder. Os dinheiros têm donos e os parlamentares sabem que "as coisas" agora funcionam na companhia, instituição suprapartidária, cujo presidente é de todos.

A Codevasf é país pacificado. Que inveja.

JUIZ DE GARANTIAS NO SUPREMO

24/5/23

O Supremo deverá, nas próximas sessões, enfrentar ações de inconstitucionalidade sobre o estabelecimento do chamado juiz de garantias. São quatro ADIs, quase todas propostas por associações de classe, de magistrados ou de membros do Ministério Público. Argumenta-se, em suma, que a legislação consistiria em interferência indevida na estrutura do Poder Judiciário; que a iniciativa pela reestruturação deveria ser do Judiciário; e que a alteração avançou no Parlamento sem cálculo sobre custos adicionais.

Tudo deve ser discutido. O país vai atrasado. Adiando-se.

O advento do juiz de garantias foi aprovado pelo Congresso e sancionado por Jair Bolsonaro em dezembro de 2019, no bojo da chamada Lei Anticrime. Em janeiro de 2020, Luiz Fux, relator das ações no STF, abraçou os pleitos classistas e suspendeu-lhe a implementação. Calou o debate, em resumo. Adiando-nos.

Sem surpresas. Fux, mais recentemente crítico de decisões monocráticas, nunca faltou monocraticamente para defesas corporativistas. A memória me faz lembrar que o ministro esteve, por longos quatro anos, sentado sobre liminar de guilda que garantiria o pagamento de auxílio moradia a juízes e procuradores. Conta de bilhão.

Mais de três anos depois, o Supremo, parece, cuidará de matéria aprovada pelo Parlamento — e sobre a qual há questionamentos de constitucionalidade. Fux, enfim, permitindo que o plenário da Corte Constitucional cumpra seu dever. Seria o caso de lhe agradecer; ou de aproveitar o ensejo para propor a criação de juiz de garantias para ministros do STF.

Não cairia mal um juiz de instrução para Alexandre de Moraes, por exemplo; para garantir o respeito aos direitos fundamentais. É uma ideia. Juiz de garantias sobre o inquérito das fake news. Já pensou?

O Brasil precisa aprender com suas experiências. A corrupção de relacionamentos entre juiz e procuradores no trânsito da Operação Lava Jato ensina. Ou deveria ensinar. O Estado de Direito exige atenção permanente à equidistância entre acusação e defesa.

São humanos — oh! — os que julgam. O período de inquérito condiciona — pode contaminar — o magistrado, porque fica longamente sob influência dos elementos de prova levantados pela autoridade policial, sem acesso ao contraditório e à palavra da defesa.

A lógica do advento do juiz de garantias se fundamenta na busca por reforçar imparcialidade. Por meio de separação de tarefas entre juízes já existentes, valendo-se também da tecnologia internética, seria possível implementar a mudança com pouco custo adicional. E com notável ganho republicano.

Um juiz trabalharia na fase do inquérito, para controle de constitucionalidade, cuidando de decretar prisões provisórias, buscas e apreensões, quebras de sigilo, escutas etc. Outro, a partir da denúncia, atuaria na análise do mérito — no julgamento.

Um avanço.

PARTE
5

MAIS CARROS, MINHA VIDA

29/5/23

Se a nova política industrial brasileira — a neoindustrialização — for avançar nesta picada, melhor nem começar. Não se aprende com a história. Subsídio à indústria automotiva? Já foi. Já houve. Várias vezes. Não deu certo. Iniciativa fracassada, cuja volta só se explica sob a forma de carinho a empresário não competitivo.

Justo será apor o "mais" à questão. Mais subsídio à indústria automotiva? Em 2023? Sim. Neoindustrialização. Velhos recursos pela nova industrialização. A equação não fecha. Novos recursos para adiar a falência da indústria velha. Os termos adequados.

O governo acarinha; nós pagamos a conta — que ficará maior, acrescido o custo do improviso. Programa ruim, de ineficiência comprovada, e divulgado sem cálculos elementares — a Fazenda que rebole para que o esqueleto (o arcabouço) tenha caixa. Assim, o presidente se engaja em campanha para minimizar prejuízo setorial.

Mais subsídio para a indústria automotiva, incentivo ora dedicado à figura do carro popular. É criativo. Desonera-se em nome de bem que não existe faz tempo — o carro popular. Sejamos criativos também. O pacote — a campanha — não será produto de trama muito diferente desta que fantasio. O industrial pátrio encontra Lula e chora miséria. A blitz do chororô. Padrão. A culpa é do mundo. Pede socorro. O presidente se compromete a ajudar. Mas, adverte, tem de ser para benefício do povo. Com impacto no preço do carro popular. Que — repita-se — não existe mais. Detalhe.

A intenção é boa. Né? Romântica. Avante! Na base do dá-teu-jeito-aí, Lula manda Geraldo Alckmin levantar o troço. Surge o "Mais carros, minha vida". Surge, no ritmo do chutão, sem qualquer estudo. No abafa. E não tardaria até que tivéssemos o presidente da República abrindo evento — o de suposta apresentação do pacote — para então anunciar que o anúncio, razão de ser do convescote, não ocorreria. O programa não estava pronto. Faltara a etapa matemática. Precisaria de mais quinze dias.

Na exposição de motivos para o projeto, que só chegaria ao jurídico à véspera do evento, a equipe de Alckmin, também vice-presidente, esteve à vontade para simular quanto a União deixaria de arrecadar com a medida rebatendo (abatendo) o impacto via projeção de aumento de receitas em decorrência das vendas de automóveis geradas pelo programa. Que tal? A esse nível de profissionalismo chegamos.

A Lei de Responsabilidade Fiscal — convém lembrar — continua vigente. Ainda. E veda essa modalidade de comércio de terrenos na Lua. Novos gastos, incluídos os tributários, precisam ser compensados, sob apontamento objetivo, ou com cortes de despesas — isso, nem pensar — ou novas receitas. Aumento de impostos, por exemplo. (Questão de tempo.) Nunca com a perspectiva de arrecadação sonhada sob projeto que pode dar errado. Dará.

Beabá. E frustração. O empresário queria a cousa para já. Fez beiço. Será que o governo poderia ao menos anunciar os parâmetros, os critérios? Sim. Não há cálculos, nem os simples. Nada que impedisse o informe de que serão contemplados os consumos de carros até R$120 mil, o mais barato entre nós a cerca de R$65 mil, sob descontos com teto de quase 11%. Programa temporário, que Fernando Haddad quer que dure entre três e quatro meses — a maneira que encontrou para expressar ser contrário ao bicho.

Programa de quatro meses é programa inexistente — deseja Haddad. Terá sorte se durar um ano. Esses impulsos sempre nascem provisórios. Acabam ficando. Fato é que nem o prazo — o prometido — sabe-se ao certo. Ao certo se sabe que, a — pechinchando — R$60 mil, um automóvel talvez seja acessível para a classe média. Talvez. Certamente não será popular. Nem para a classe média.

Isso, a fachada, não importa. A vida do “Mais carros, minha vida” é a do industrial automotivo brasileiro. O programa é (popular) para ele. Para que ao menos mantenha os empregos. Não é o que se diz? Não é mais para abrir postos. É para manter. No mundo real, nem isso se pode garantir. Todo mundo sabe. Leva o subsídio; e não será cobrado quando demitir. Demitirá.

Desoneração, mais uma, setorial. Atraso. Que, destaque-se, afronta a lógica existencial do recém-aprovado arcabouço fiscal — que não parará de pé sem aumento de receitas. O que faz o governo? Abre mão de receitas. Ninguém fez a conta, mas é renúncia bilionária. O Planalto pendurando mais incentivo ineficaz. Carregando a copa da árvore que a reforma tributária terá de podar com rigor. Teria.

Você acredita? Um governo que não corta despesas, promete entregar superávits. Promete entregar superávits o governo que engorda os gastos. Um governo gastador que, prometendo rever desonerações setoriais para entregar superávit, oferta (mais) desoneração para fabricante de automóvel a combustível fóssil. Em 2023. Acredita?

E DEPOIS DE ZANIN?

2/6/23

O caso da indicação de Cristiano Zanin ao Supremo deveria servir de arena urgente ao debate sobre a depauperação dos critérios institucionais para escolhas dessa natureza. Perdeu-se já para muito além do decoro, esse saudoso.

(E para esse estado de esculhambação das balizas éticas contribui também o presidente do Senado, Rodrigo Pacheco, mui à vontade para comentar a indicação — e aprovar o nome posto — antes da necessária sabatina; já feito de trouxa o rito formal, caso alguém tivesse dúvida de que o Congresso, mais uma vez, não cumprirá a sua missão de escrutinar o nomeado. Vexame.)

Ninguém questiona que seja prerrogativa do presidente da República apontar ministro do STF. É prerrogativa do presidente. Impessoal. Princípio republicano. Não de Lula. Não do Lula. Lula escolhe com quem irá almoçar. Ministro do Supremo, escolhe o presidente da República.

Não é jogo de palavras.

Por exemplo: a residência oficial da presidência da Câmara não é de Arthur Lira. Não é nem do presidente da Câmara. É da presidência da Câmara. Lira passa. Lula passa. E amanhã, projete-se, volta um Bolsonaro. É prerrogativa do presidente escolher o diretor-geral da Polícia Federal. Bolsonaro indicou Alexandre Ramagem. Lembra? Seu segurança, parça, amigo dos filhos, "gente nossa lá". Foi um escândalo.

Também é prerrogativa do presidente conceder indultos. Bolsonaro ofertou o benefício da graça a Daniel Silveira — tudo na base da camaradagem, do compadrio. Do desvio de finalidade. Em busca de proteção a si e aos seus. Foi um escândalo.

Amanhã — alguém duvida? — volta Bolsonaro, ou um Bolsonaro volta, um bolsonarista vem. E aí? Aterrados os marcos republicanos para escolhas institucionais, custará menos de um pulinho a que se salte de André Mendonça para um advogado pessoal qualquer no Supremo. Não faltarão opções.

Hoje vai Zanin, escolhido não apenas por haver defendido Lula. Escolhido "não só pela minha defesa". Né? Amanhã será um de Bolsonaro, escolhido não apenas por haver defendido Bolsonaro e, sei lá, mantido um procurado pela polícia em casa. Evolui-se. É o desgaste progressivo do valor da vergonha — de ter vergonha — que está exposto. A galera perdeu a vergonha. Não tem mais freio.

Não saberei dizer quando começou. Lula indicou Dias Toffoli, seu AGU. Movimento insuperável em matéria de afronta ao notório saber. Sob o critério de "terrivelmente evangélico", Bolsonaro indicou André Mendonça, seu AGU, que era tido e se comportava como advogado do chefe, e que, como ministro da Justiça, abrigara a produção de dossiês sobre opositores do presidente. Evolui-se.

As fronteiras que separam público e privado se vão diluindo. Diluem-se os padrões do que seja, na prática, República. Zanin é escolha segura para Lula. Homem de confiança. Antes se era mais disfarçado, discreto, na cata por defensores togados. Lula mesmo se deve considerar traído por alguns — que tinha por cadeiras de segurança — que nomeou ao Supremo. É a isso que responde, sem nem envernizar. Radicaliza, depois de tudo o que passou. Evolui-se.

Depois de tudo o que passou, também no STF, ora, quer proteção — e escancara: meu advogado, o que me defendeu contra a sanha da Lava Jato. Nem Lula deve saber o que Zanin pensa sobre temas relevantes ao desafio de ser guardião da Constituição Federal. Ninguém sabe. Dane-se. Lula sabe — e sabemos nós — somente o que o homem pensa sobre Moro e os dallagnols. Mas indica esse desconhecido mesmo assim, para um futuro de quase trinta anos na Corte Constitucional.

O que isso nos comunica sobre preocupações do presidente da República com a agenda futura do Brasil — e foi eleito para presidir o Brasil — em termos de matéria constitucional? O que, sobretudo, virá depois? Não só o que virá de Lula depois; que, em campanha, estelionato eleitoral, declarou que nunca nomearia um amigo ao Supremo. O que a escolha de Lula franqueia a seus sucessores?

Precedentes não serão desperdiçados. Não são. Bolsonaro escolheu Augusto Aras procurador-geral da República. Lula já arma a embocadura para escolher um Aras. Por que não? Precedentes. Evolui-se.

O raciocínio serve também — insisto, já que desde 2019 escrevo isto — para as picadas abertas por Alexandre de Moraes. Porque outros alexandres estão convidados, autorizados, a excessos em nome da democracia. Não é? E cada um com o seu entendimento sobre democracia. Cármen Lúcia autorizou, a do "cala a boca já morreu". Só enquanto se combate o mal. Né? Arreganhos pela virtude. Tudo provisório. Quando acabará o combate? Certos gênios não voltam mais para a lâmpada. Precedentes. Evolui-se.

E o próximo Lira? O que fará Elmar Nascimento a partir da extinção do rito parlamentar e da caça diária à atividade legislativa? Congresso Codevasf? O que é regime de urgência, senão trator, na mão de autoritário? Precedentes.

Terá responsabilidade também, na oferta de precedentes que assaltam os critérios republicanos, uma Corte Constitucional percebida como agente político. Ou melhor, para ser exato: com vários de seus ministros partícipes da cena política, quando não político-partidária, de Brasília. Um governante com menor convicção republicana quererá, claro, ter um dos seus — com poder e influência — tomando parte nesses convescotes.

É um ciclo doente. Que o Supremo alimenta, postas as jurisprudências ao ar como uma biruta de vento. O que virá depois?

O COMBUSTÍVEL ESTÁ ACABANDO
5/6/23

A notícia é de que Lula teria resolvido se mexer. Informa-se que irá a campo trabalhar pela articulação política de seu governo. Estamos em junho. Estava parado? Ou se mexia mal?

Mexendo-se sempre está o Parlamento, energia que faz o volume do tanque baixar. Arthur Lira explica:

— Hoje o governo tem contado com a boa vontade desses partidos que estão votando republicanamente. Esse combustível está acabando.

Comunica-se que a rapaziada tem votado no amor, voto de confiança, mas que a gasolina não está barata; e que não serão esses republicanos a reabastecer. E então Lula entrará em cena, decorridos cinco meses de boa vontade. Estava parado? Ou se mexia mal?

Delegar também é movimento; não sendo possível crer que Alexandre Padilha e Rui Costa tenham agido até aqui sem o aval do presidente. Lula vai a campo e os coloca na panela. Não é possível saber a altura do fogo; nem quão incompetentes seriam. Sabe-se que o Congresso Lira quer as cadeiras dos ministros.

Lula vai a campo — e não são muitas as opções para que articule. Sabe-se também que entregar cabeças compõe o instrumental da negociação política.

O presidente é o dono dos assentos, domina a prática e conhece a demanda. Que nem sempre foi essa. A cousa era mais simples — a pedida: para que o governo honrasse a palavra e desse fluência automática à distribuição dos dinheiros das emendas conforme indicações dos deputados. Não faltaram alertas explícitos — de Elmar Nascimento e do próprio Lira, várias vezes. Que puseram sobre os ombros de Padilha e Costa a carga de responsáveis pelo trânsito interrompido.

Os ministros travaram o ritmo das liberações — atraiçoaram o compromisso — por conta própria?

No curso dos últimos quatro anos, o Congresso se tornou gestor autônomo de fundos orçamentários — e não aceita sócios. Ao Executivo cabendo exclusivamente soltar as granas. Ponto. Firmou-se um acordo a respeito. O Planalto aceitara dançar a música no mesmo tom em que Bolsonaro havia pervertido as relações com o Parlamento. E depois quis tocar em outra nota. Foi quando rachou o vestiário.

A exigência se tornou mais complexa — e cara — porque o governo Lula se comprometera com um jogo cujas regras descumpriria. Não é vítima; certamente não é inocente. Topou conjugar verbos numa linguagem em que o pretenso mais esperto fica suscetível a chantagens. Fez pacto com o capeta — com o sistema do orçamento secreto — e armou contra o arranjo. Esse é o fundamento da crise acirrada na relação entre Planalto e Parlamento.

O governo, longe de ser leve, traiu acordo com a barra-pesada. Difícil sendo acreditar que o presidente desconhecesse o combinado e a tentativa de caloteá-lo.

O que fora combinado, inclusive formalizado na Lei Orçamentária Anual? Que se driblaria o Supremo com a transferência dos bilhões outrora sob emendas do relator (RP9) para os cuidados — fachada — dos ministérios (RP2), permanecendo os dinheiros, como se propriedade privada fossem, para que exclusivamente os parlamentares lhes pudessem indicar os destinos. Esse é o centro do contrato — entre governo e Congresso — em função do qual se aprovaria a bilionária PEC da Transição, ainda em dezembro.

Um contrato de continuidade em relação à prática de Bolsonaro.

Empossado, no entanto, o novo governo decidiu testar o pilar do acerto que lhe dera viabilidade econômica e passou a segurar, dificultar mesmo, a liberação das emendas, em seguida pretendendo influir no — participar do — destino das granas. Tentou trapacear cobra criada numa floresta em que lobo não come lobo.

E então vem Lula a campo. No momento em que já não bastará apenas fazer as emendas desaguarem. O governo — de Padilha e Costa — avaliou que poderia brincar de ciranda com o orçamento. Era dança das cadeiras. O preço subiu; ganhou corpo. Confiança é fundamental. O governo — de Lula — fará o quê? A pressão mudou de grau; agora é por reforma no Planalto.

Não adiantará trocar juscelino por sabino, senão em nome de semanas de refresco. A comunicação é outra e clara. Questão de credibilidade. A turma quer um ciro nogueira no palácio, cuidando do giro das emendas desde dentro. Não será mais somente pagar. Mas pagar, sem filtros ou escalas, sob operador preposto pelos donos do Parlamento. Questão de credibilidade.

E então vem Lula a campo. Para quê? Imagina-se que não para ficar exposto. A margem é estreita. Para quê? Para demitir Rui Costa e Alexandre Padilha? Gerindo o prejuízo, só um deles? E fará o acordo — pelo fluxo automático do orçamento secreto — ser afinal cumprido? Quem seria o ciro nogueira? Lula fará como Bolsonaro? É o que deseja o Congresso Lira. Um novo frentista, dedo frouxo na bomba. O combustível está acabando.

DESDENUNCIANDO

12/6/23

Há uma hipótese para explicar o Brasil na história de Arthur Lira, finalmente desdenunciado — expressão que tomo de Marcelo Godoy, no *Estadão*.

Trama de 2012, contemporânea do mensalão televisado, quase década anterior à era do orçamento secreto e seus kits de robótica, e concluída somente neste 2023. Mais uma década perdida. Também a de ascensão de Lira.

É o caso em que assessor do deputado federal alagoano — então em primeiro mandato — foi interceptado com R$106 mil no aeroporto de Congonhas; a caminho de Brasília. Grana que o delator profissional Alberto Youssef afirmaria ser para Lira, propina — a acusação — paga por dirigente da CBTU em troca de se manter no cargo. (O atual presidente da estatal, órgão federal que administra trens urbanos, é apadrinhado por Lira e está ali desde 2016.)

A Procuradoria-Geral da República denunciou Lira em 2018. Por corrupção passiva. Denúncia aceita pelo Supremo — por sua primeira turma — em 2019. Lira, então, tornado réu. A defesa recorreria.

Em 2020, o colegiado formou maioria contra a apelação — com votos de Marco Aurélio Mello, o relator, Roberto Barroso e Alexandre de Moraes. Dias Toffoli pediria vista. Julgamento interrompido. Por três anos. Retomado — e finalizado — na semana passada. O deputado alagoano ora presidente da Câmara.

O que mais terá mudado desde a acusação?

Em 2019, o Congresso proibiu — decisão correta — que denúncias fossem baseadas exclusivamente em colaborações premiadas. (Exclusivamente.) Isso — diga-se — não sendo suficiente, não em 2020, para que os ministros acatassem o recurso do deputado e liquidassem a denúncia.

E, em 2021, o STF arquivou — por falta de provas — a investigação sobre o que se nomeara "Quadrilhão do PP" na Petrobras, da qual seria conexo o inquérito em que Lira era réu.

O arquivamento do "Quadrilhão do PP" — que teria como sistema o esquentamento de propina, em troca de obras da petroleira, no corpo de doações eleitorais oficiais — ocorreu na segunda turma do Supremo, a partir da chegada de Nunes Marques ao tribunal, em 2020. Aposentado Celso de Mello, a virada. Julgamento (3x2) que beneficiaria o senador Ciro Nogueira, dos mais influentes padrinhos para postulantes a cadeira na Corte.

Novato no STF também sendo André Mendonça, no tribunal desde 2021, sucessor de Marco Aurélio. Troca que ensejou excentricidade: aposentado não apenas o ministro, mas também o seu voto, contra o recurso de Lira. Haveria fatos novos, circunstância em que a Mendonça foi excepcionalmente dada a autorização para votar — muitas as licenças excepcionais que o tribunal constitucional tem permitido aos seus ultimamente.

Mendonça, herdando a relatoria, pediu novo parecer à PGR sobre a matéria; e o Ministério Público Federal, que denunciara Lira em 2018, mudaria de posição em 2023. Haveria fatos supervenientes. Fato: a Procuradoria comunicava à sociedade ser precária — irresponsável — a maneira como denunciara cinco anos atrás.

Fato também sendo que assessor de deputado, a caminho de Brasília, foi pego com R$106 mil — e sem meios de explicar de onde viera o volume. Grana na mão, desprovida de destino e origem. O sujeito, auxiliar de parlamentar federal, pego com dinheiro vivo no aeroporto, indo para a capital federal — essa materialidade afinal vertida em fofoca como decorrência da delação de um veterano da colaboração premiada: Youssef.

Não havia provas de que o dinheiro fosse para Lira. Havia somente o assessor viajando com o dinheiro — num limbo. Proibidas, desde 2019, denúncias baseadas exclusivamente em delações. (Exclusivamente.) É a lei. (Ignorada pelos ministros em 2020.) E de repente era só a palavra do delator, exclusivamente; desmaterializado o assessor viajante com dinheiros. Ele desafiava a exclusividade.

Desmaterializadas — desafiadoras do exclusivamente — também as ligações entre assessor e Lira, e a mensagem em que o auxiliar informa ao chefe que o voo estava atrasado. Tudo no dia em que o rapaz seria flagrado. Desmaterializado igualmente o fato de as passagens terem sido compradas com o cartão do deputado.

Nada obrigaria o Supremo a desdenunciar Lira; a mudança de entendimento da PGR não vinculando o tribunal. Que, no entanto, preferiu não constranger o MPF. O ministro Moraes explicou — assim entendi — que o recuo da PGR só atrasaria o desfecho de um processo para cujas eventuais novas provas o órgão titular da ação penal já trancara as portas, independentemente do STF:

— A própria Procuradoria, com a sua manifestação, já afirmou que permanecerá inerte em uma eventual produção probatória (...).

Moraes, mesmo fechando com a maioria pelo desrecebimento de denúncia, não perderia a chance de provocar a PGR de Augusto Aras, à revelia da qual toca soberanamente os inquéritos pela democracia:

— De uns tempos para cá, estamos vendo vários arrependimentos de denúncias ofertadas anteriormente.

Com Mendonça, contra a denúncia outrora recebida, ficaram Toffoli, Luiz Fux e os que alteraram votos: Barroso e Moraes. Unanimidade, por fim.

UNIÃO PELA PORTEIRA FECHADA

14/6/23

Daniela Carneiro, mais do Waguinho que nunca, sairá do governo. Mais do Waguinho que nunca: ele sai do União Brasil; ela, do ministério. Consequência. Também desculpa. O União, confederação de interesses patrimonialistas, não é um partido, nem se considerava dono da pasta; mas é como partido que (quase) se une, o ministério de repente cota sua, pela cadeira da (ainda) ministra cujo marido se mudou para o Republicanos. Ela só não foi (ainda) porque perderia o mandato de deputada federal. Ida, porém, está.

Celso Sabino (União-PA), tudo o mais constante, será ministro do Turismo, no lugar de Daniela (do Waguinho), ministério a ser entregue à federação lirista do União Brasil. Questão de dias. O próprio Sabino falou em até sete dias — seria a promessa de Alexandre Padilha, o ministro do rali.

Em discussão agora está quanto do Ministério do Turismo irá para a federação de Arthur Lira — liderada por Elmar Nascimento — do União Brasil. A turma quer que a pasta não venha só com a fachada, inclusive por ser modesto o orçamento do Turismo. Cita-se o caso das Comunicações, sob o imortal alcolúmbrico Juscelino Filho. Não basta o ministério, a fachada. Exige-se o recheio. Exige-se profundidade. Sobre a qual derramar as emendas.

Comunicações sem Correios? Fica capenga. Raso. Só um exemplo.

O modelo é o Desenvolvimento Regional, já plenamente — desde Bolsonaro — alcolumbrizado. Com a Codevasf. O modelo, para ser exato, é a Codevasf. O União opera pela codevasfização do Brasil. Quer o Turismo, com a Embratur; desde que com a Embratur. O projeto é por ter a Embratur como a Codevasf. A codevasfização da Embratur. Como inflada a Codevasf, um orçamento de súbito multiplicado em dez vezes — via emendas. A rapaziada sabe fazer.

Elmar foi, como sempre, transparente (ontem) sobre o Turismo:

— Eu preciso entender como é o funcionamento do ministério, o que cabe, e a gente discutir com o governo. No início [na época da transição], quando fiz a interlocução com o presidente sobre isso, a perspectiva era que a indicação fosse da senadora Professora Dorinha (União-TO). Era ministério completo, com todas as posições, até porque é um ministério pequeno.

Ministério completo, com todas as posições: porteira fechada.

E, ainda assim, nenhum elmar — por vendedor de terrenos lunares que seja — será capaz de entregar o apoio consistente, constante, do União Brasil ao governo Lula. Para tanto, precisaria ser um partido; cuja adesão talvez ganhasse mais corpo com um ciro nogueira — como era sob Bolsonaro — na Casa Civil, cuidando do ritmo da liberação das emendas do orçamento secreto ora camuflado.

Ministro do Turismo a ser (em até sete dias), Celso Sabino compõe uma das mais ingratas federações do União, a que reclama de ter as Comunicações sem a superfície dos Correios; mas que se esquece da Telebras, lá onde tem cargo — informou o *Estadão* — o sobrinho do ministro (de daqui a uma semana), Celsinho Sabino, abrigado por Juscelino, que é de Alcolumbre, também ele, Davi, com dois parentes na estatal, uma técnica em enfermagem e uma estudante de gastronomia.

Com porteira fechada, e com especialistas, une-se o Brasil.

ESTREITOS COLABORADORES

19/6/23

A Câmara votou pela Lei Eduardo Cunha — projeto de Dani Cunha, filha do ex-presidente da Casa. O PL 2720/23 pretende tipificar — ainda a depender do Senado — os crimes de discriminação contra pessoas politicamente expostas. Por exemplo: Dani e todos os demais detentores de mandatos eletivos no Legislativo da União. (A lista de corporações beneficiadas é longa.)

Também seriam privilegiados pela cobertura do troço — com efeito que perduraria por cinco anos a partir da data em que se deixou a condição especial — os familiares (papai), os estreitos colaboradores e as pessoas jurídicas das quais participe o indivíduo politicamente exposto.

Atenção aos "estreitos colaboradores".

O texto explica o que sejam: "pessoas naturais que são conhecidas por terem sociedade ou propriedade conjunta em pessoas jurídicas de direito privado ou em arranjos sem personalidade jurídica, que figurem como mandatárias, ainda que por instrumento particular, ou possuam qualquer outro tipo de estreita relação de conhecimento público com uma pessoa politicamente exposta; pessoas naturais que têm o controle de pessoas jurídicas de direito privado ou em arranjos sem personalidade jurídica, conhecidos por terem sido criados para o benefício de uma pessoa exposta politicamente."

Guarde a figura do "estreito colaborador". É isso mesmo que você entendeu. Um queiroz. Voltaremos ao tipo. Sua definição foi mantida no substitutivo aprovado em plenário, do relator Claudio Cajado, homem de confiança de Arthur Lira; que suprimiu, entre outros, o artigo 4o — aquele que previa punição (reclusão de dois a quatro anos, e multa) por:

"Injuriar alguém, ofendendo-lhe a dignidade ou decoro, somente em razão da condição de pessoa politicamente exposta ou que figure na posição de parte ré de processo judicial em curso ou por ter decisão de condenação sem trânsito em julgado proferida em seu desfavor."

Repita-se, porque houve muita desinformação a respeito: Cajado cortou esse item do relatório.

Não pode passar sem alarme, porém, que parlamentar tenha se sentido à vontade para formular lei de índole censora com o objetivo de intimidar o livre exercício da crítica. Isso enquanto — o espírito do tempo — ministro do Supremo permite "o afastamento excepcional de garantias individuais" e determina censura prévia contra youtuber.

Ou haverá outro nome para o que impôs Alexandre de Moraes ao baixar por "necessária, adequada e urgente a interrupção de eventual propagação dos discursos com conteúdo de ódio, subversão da ordem e incentivo à quebra da normalidade institucional e democrática"?

Juiz de Corte Constitucional obrigando a interrupção "de eventual propagação" — interrompido desde já aquilo que não ocorreu. Em nome da normalidade institucional e democrática. A ele, Moraes, cabendo definir o que seja discurso de ódio e subversivo. (Quem, aliás, estabeleceria, se prosperando o artigo 40 de Dani, o escopo de ofensa a deputado — ou a ministro do STF — somente por sua condição de politicamente exposto?)

O que pensará Cármen Lúcia, a juíza do "cala a boca já morreu", ante o fato de que continua valendo a licença excepcionalíssima que deu — por proibir, no curso do processo eleitoral de 2022, a exibição de um filme até o fim do segundo turno? Licença para que tribunal agisse — só um pouquinho, rapidinho — à margem da Constituição.

De volta ao "estreito colaborador". Cajado o manteve; como manteve todo o conjunto original destinado a proteger — atenção ao "outro serviço" — os "politicamente expostos" contra discriminações de natureza bancário-financeira.

Pena de dois a quatro anos de reclusão, mais multa, a quem "negar a celebração ou a manutenção de contrato de abertura de conta-corrente, concessão de crédito ou de outro serviço, a qualquer pessoa física ou jurídica, regularmente inscrita na Receita Federal do Brasil, em razão da condição de pessoa politicamente exposta ou de pessoa que esteja respondendo a investigação preliminar, termo circunstanciado, inquérito ou a qualquer outro procedimento investigatório de infração penal, civil ou administrativa, ou de pessoa que figure na posição de parte ré de processo judicial em curso".

É isso mesmo que você entendeu. Que, aprovado o PL, ficarão protegidas operações financeiras — qualquer "outro serviço" — promovidas por "estreitos colaboradores" de "pessoas politicamente expostas".

Toda essa aberração inconstitucional — a prioridade de se votar contra a discriminação ao laranjal — foi decidida no colégio de líderes pervertido, instância que, como num conclave — e então a fumaça branca dos elmares —, de repente substituiu o debate em comissões, progressivamente esvaziadas, de súbito a urgência forçada, aterrada a dinâmica da atividade parlamentar; o parecer chegando ao plenário da Câmara com a votação já iniciada. Mais uma vez.

O rito sumário Lira aprovando a Lei Cunha. O espírito do tempo.

ALCOLUMBRE RECEBE ZANIN NO CLUBE

22/6/23

Não que tivesse outra expectativa. Mas o registro se impõe. Mais uma sabatina vergonhosa, em que se perdeu a oportunidade de inquirir com rigor um homem que, tudo o mais constante, ficará na Corte Constitucional até 2050.

A começar pela postura de Davi Alcolumbre, o verdadeiro presidente do Senado, padrinho de Pacheco, que lhe esquenta a cadeira. Está sempre relaxado. Parece comandar um clube de solteiros, a galera da gravata afrouxada. É a Comissão de Constituição e Justiça do Senado da República. E, no entanto, aquele clima de compadres. São associados no quê? Muito rapapé. Muito tapinha nas costas — e a sociedade, e eles mesmos, os senadores, sem saber o que pensa Cristiano Zanin sobre a matéria constitucional.

Talvez, nas conversas de bastidor, os senadores tenham colhido as informações que lhes interessavam e ficado satisfeitos. Insatisfeita fica a República com um Senado que não cumpre o seu papel — que aceita que o rito, para questionamento formal a um indicado ao Supremo, seja formalizado teatro puro. Teatro farsesco expresso no fato de se haver aberto a votação na CCJ, com a inquirição ainda em curso.

Não se trataria, jamais, de agredir ou ofender. É possível, necessário mesmo, ser duro com educação. Firmeza e educação. De repente, no Congresso Nacional, reduziu-se a cultura do questionamento à recepção do inquirido ou como compadre — o visto ontem — ou como algoz, por meio do que se produzirão vídeos para as redes.

O sujeito precisa — para ser ministro do Supremo — ter notável saber jurídico e seu apontamento, deve refletir a impessoalidade republicana. Quando foi que se tornou razoável — e todos o repetiam, como se grande formulação — o argumento: "queriam que o presidente indicasse um inimigo?"

Quando foi que, para o Senado da República, e não para uma facção de malandros, ficou estabelecido que, em contraposição à indicação de um advogado pessoal e amigo ao Supremo, teríamos exclusivamente a opção de um inimigo?

Não se criticará que Lula escolha alguém alinhado juridicamente a teses de esquerda — e nem sei se também é o caso de Zanin, cujo pensamento, senão sobre Moro e Lava Jato, continuo desconhecendo. A crítica é ao modelo — à continuação do modelo — de afinidade protetiva conforme praticado por Bolsonaro.

O modelo de sabatina da CCJ do Senado também envergonha; oferece corpo ao constrangimento, porque dá estrutura ao me engana que eu gosto. Na hipótese de um senador que quisesse inquirir e contraditar o indicado a valer, como fazê-lo sem troca direta, esvaziado e esfriado num bloco de senadores, só depois do qual, após longos discursos e poucas perguntas, falará o indicado?

Muito à vontade, pois, Zanin pôde dizer e repetir — e, para ser justo, disto ficamos sabendo — que só se sentirá impedido *a priori* para julgar ações de que cuidou como advogado; livre de conflitos, porém, para atuar em processos sobre Lula e a Lava Jato.

Livre de conflitos, não se sabe que ministro do Supremo será o garantista Cristiano Zanin. Sabe-se que já foi bem admitido — garantido — ao convescote de Brasília.

ARTHUR
26/6/23

Qualquer um pode ser Arthur. Lindo nome, aliás. Zico, o maior ser já nascido, é Arthur. Qualquer um pode ser Arthur. Até Deus.

Qualquer Arthur — menos Zico — pode ser o Arthur que aparece nas listas do assessor e do motorista do assessor de Arthur Lira como beneficiário de pagamentos que a Polícia Federal investiga no bojo da operação sobre fraudes e desvios em contratos para compra de kits de robótica por municípios alagoanos. O caso foi revelado pela *Folha*.

Qualquer um pode ser o Arthur. O Lira, presidente da Câmara, não tardaria a declarar — sobre todos os Arthures: "Cada um é responsável pelo seu CPF nesta terra e neste país."

Está correto. O assessor é conhecido. Luciano Cavalcante. E é de Lira ("Sou da Lira/Não posso negar..."), muito embora qualquer um possa ser o Arthur. (A filha de Cavalcante é sócia do filho de Lira.) Qualquer um pode ser o Arthur. Somente o auxiliar era "pastinha" do hoje presidente da Câmara — um outro cronista, maldoso, o chamaria de espécie de queiroz. Não seria justo. Cavalcante tinha lugar na mesa.

Esteve na sede do Fundo Nacional de Desenvolvimento da Educação, então sob controle de Ciro Nogueira. Era fevereiro de 2021. Com ele na visita, Edmundo Catunda, um dos sócios da Megalic, maior vencedora das licitações para fornecer os kits de robótica, agente intermediador no esquema de superfaturamento e lavagem de dinheiro — empresa que, segundo a PF, repassava dinheiros para pessoas jurídicas de fachada em Brasília.

A aquisição dos equipamentos foi custeada pelo FNDE, via emendas do relator — o orçamento secreto, sistema que ganharia corpo sob a gestão de Lira no Parlamento. A investigação flagrou o motorista de Luciano Cavalcante recebendo, em maio de 2023, grana na garagem de um hotel, na capital federal, em que Luciano Cavalcante estava hospedado.

Qualquer um pode ser o Arthur da quebrada, mas Catunda, da maceioense Megalic, que foi ao FNDE com o principal auxiliar de Lira, era próximo de Lira. Qualquer um pode ser o Arthur da parada, mas Cavalcante era o faz tudo de Lira quando a operação foi deflagrada.

A operação se chama Hefesto, teve partida em 1o de junho e, sob busca e apreensão, encontrou com Cavalcante uma relação que associava pagamentos variados, da ordem de R$650 mil, a um Arthur — operações feitas entre dezembro de 2022 e março de 2023.

São ao menos trinta pagamentos com a referência Arthur nos registros de Cavalcante. E outros onze, assinalados como sendo do período entre abril e maio de 2023 (cerca de R$250 mil), no caderno caixa do motorista de Cavalcante. Wanderson de Jesus, o motorista do assessor de Arthur Lira. Qualquer um pode ser o Arthur. Luciano Cavalcante, auxiliar de Lira, é Luciano Cavalcante — a mando de quem Wanderson, conforme depoimento à PF, fazia os pagamentos. (A polícia apreendeu mais de R$150 mil com o motorista, R$110 mil dos quais em uma mochila dentro do carro — automóvel e montante que, de acordo com Wanderson, seriam de Cavalcante.)

Qualquer um pode ser o Arthur beneficiado pelos pagamentos, ainda que entre as despesas cobertas esteja a fisioterapia de Bill. Não se deve precipitar. Luciano Cavalcante, assessor de Lira, com uma lista de gastos — associados a um Arthur — que incluía cuidados para com Bill, apelido do pai de Lira. Qualquer um pode ser o Arthur. E Bill não é apelido incomum nem no Brasil nem nas Alagoas. Coincidências ocorrem. Por exemplo: a anotação, pega com Wanderson, de pouco mais de R$29 mil em favor de "Djair = Arthur".

Lira emprega — revelou a *Piauí* — um secretário parlamentar chamado Djair Marcelino, outrora denunciado como integrante de esquema milionário de rachadinha que, segundo o MPF, o atual presidente da Câmara teria comandado na Assembleia alagoana. Qualquer um pode ser o Arthur. E quantos Arthures não terão um Djair em prol de quem se movem quase R$30 mil? Qualquer um pode ser o Djair de um Arthur qualquer.

Qualquer um pode ser o Arthur, mesmo sendo Arthur Lira um dos padrinhos de emendas para a aquisição de kits de robótica por cidades de Alagoas. Qualquer um pode ser o Arthur; mas a PF preferiu mandar ao Supremo a investigação. Talvez seja precipitação e preconceito. Registre-se, contra a maledicência, que não será somente um o Arthur com foro no STF. Lira não é investigado pela operação.

Precipitados certamente foram os que bradaram que a engenharia do orçamento secreto — mecanismo para exercício do poder desde o Congresso — não consistiria também num poderoso sistema de corrupção. Gestão e distribuição de bilhões de reais públicos de forma autoritária e obscura, a própria definição de fiscalização impossível — um convite para que a grana, afinal, encontrasse meios de retornar. Estamos só no começo das descobertas. (E o orçamento secreto, em modo camuflado, não acabou.)

VALOR ABSOLUTO

3/7/23

Por favor, não use conceitos da ciência política para defender a relativização da democracia segundo Lula. O presidente se referia à Venezuela, uma autocracia, e sua formulação — "o conceito de democracia é relativo para você e para mim" — apenas pretendeu acarinhar um regime amigo de longa data. Coisa de compadres. De Hugo Chávez a Nicolás Maduro.

Sem novidade. Veio para nos salvar de Jair Bolsonaro — o das joias da ditadura árabe — o outrora camarada de Muammar Kadafi. Tudo previsível.

Razão pela qual, a propósito, será falso — talvez mesmo carinhoso — acusar Lula de haver cometido "estelionato eleitoral". Ninguém pode ter sido pego de surpresa. Não faltou transparência — inclusive na campanha — sobre relações (históricas) de amizade fraternal com autocratas e outros ortegas.

Razão pela qual, ainda a propósito, ficará ridículo — ante a impossibilidade afetiva de criticar Lula — dar-lhe conselhos. Por favor, não. O homem sabe muito bem o que faz. É experiente; sobretudo um prático:

— Eu gosto da democracia porque a democracia que me fez chegar à Presidência da República pela terceira vez.

Compreensões utilitárias de democracia são também instrumentos. Não raro ferramentas contra a democracia. A ocorrência periódica de eleições sendo frequentemente a primeira desculpa-defesa sacada pelo autocrata quando acusado de ditador.

O sujeito barbariza, asfixia a democracia representativa, assalta a Corte Constitucional, empastela jornais, mantém presos de natureza política, mas garante essa condição dilapidadora disputando — e, claro, vencendo — eleições. É o que se chama de democracia meramente eleitoral, o voto como fachada, um arranjo publicitário para encobrir a corrosão de instituições logo incapazes de assegurar o exercício da liberdade. Incapazes de oferecer as garantias para que o que ora escrevo pudesse ser publicado hoje na Venezuela.

A realização de eleições é somente uma das condições para a existência de democracia. A realização de eleições é, cada vez mais, a única memória de democracia em países que se apregoam democráticos.

Há eleições na Venezuela? Sim. (Mais do que no Brasil, de acordo com Lula.) O que, porém, dirá sobre a democracia venezuelana — sobre a qualidade do processo democrático eleitoral daquele país — o fato de o governante poder se reeleger indefinidamente?

Atropelada a saúde republicana própria à alternância de poder, estaria Nicolás Maduro legitimado a declarar algo mais ou menos assim:

— Eu gosto da democracia porque [foi] a democracia que me fez poder ser eleito presidente da República para sempre.

Não sei se há fraudes no sistema eleitoral da Venezuela. O estágio atual da coisa provavelmente impede qualquer aferição. Sabe-se que fraudado será um processo eleitoral em que o governante dispute aprofundando progressivamente, desde dentro, a disparidade de armas. Até não haver mais armas para desafiantes. Até não haver mais concorrentes. E, ainda assim, haverá eleições. Democracia.

As possibilidades reeleitorais de Maduro compõem a própria definição de abuso de poder político e econômico. O instituto da reeleição indefinida estabelece como permanentes — infinitos mesmo — os meios para o governante fundear a própria continuação na cadeira. Abuso aterrador.

É conveniente refletir a respeito na semana seguinte à inelegibilidade de Jair Bolsonaro, punido por abuso de poder político praticado à véspera de concorrer à reeleição. Caso não estivesse tão magoado com o sistema (dentro do qual constituiu poderosa empresa familiar-parlamentar), o ex-presidente talvez pudesse ser justo, quiçá grato:

— Eu gosto da democracia porque a democracia permitiu que um sujeito como eu chegasse à Presidência da República.

Confrontar a inelegibilidade de Bolsonaro à elegibilidade eterna de Maduro faz se materializarem os princípios sólidos — não relativizáveis — da democracia. Pode demorar, mas a democracia — vigentes as engrenagens reguladoras da República — impõe limites. O poder simbólico do chefe de Estado, o peso influente de sua palavra, por fim não admitidos como algo que degrade a confiança da sociedade na República. Palavras resultam.

Confrontar a inelegibilidade do ex-presidente brasileiro à elegibilidade eterna do ditador venezuelano faz também que se veja por inteiro, absolutamente, o cinismo do argumento de Lula:

— Quem quiser derrotar o Maduro, derrote nas próximas eleições.

Cooptados os órgãos fiscalizadores republicanos, tomadas as Forças Armadas como facções milicianas, não será mais factível vencer Maduro nos termos da democracia venezuelana. A eleição na Venezuela transformada em propaganda de normalidade — que o presidente do Brasil difunde.

A REFORMA DOS ESTADISTAS

7/7/23

Muitos regimes de exceção formalizados, imunidades distribuídas de última hora, um tanto de respostas difíceis a depender de lei complementar — blitz e projeções de futuro que põem em dúvida, sob preocupação, o tamanho da alíquota a ser afinal paga pelos mortais. Puxadinhos costumam custar caro.

Os vitoriosos são certos. O produto da vitória, ainda incerto.

A retumbante votação da PEC da Reforma Tributária aprovou um texto muito mexido — obra em construção permanente, tijolos postos já com o plenário deliberando — e, portanto, de conhecimento completo impossível pelos deputados. Impossível. Terão sido poucos, na hipótese de que houvesse os cientes, os que votaram sabendo absolutamente no quê. Tem sido assim.

Os parlamentares, com exceções, parecem conformados — domesticados — ao rito de chancelar acordos que desconhecem. É o rito Lira, maravilhoso quando posto a tratorar por pautas do nosso gosto. Era o caso. A reforma tributária.

Arthur Lira queria votar, avisou que havia os acordos — e fez a matéria ser aprovada. É o cara. Queria um marco histórico para sua presidência da Câmara que não o orçamento secreto.

Diga-se, a propósito, que a reforma tributária — reforma impessoal, de Estado, não de governo — valeu a liberação de bilhões em emendas nos últimos dias, inclusive daquelas ditas Pix, de fiscalização inalcançável. Na conta também vai a entrega do Ministério do Turismo à federação lirista do União Brasil. Coisas de Estado.

E, ainda assim, não se cuidou do voto de qualidade no Carf — esse, informa-se, projeto de governo. Custará mais um bocado e outras funasas. Se o governo quer arrecadar mais (se quer rir), terá de liberar mais recursos (fazer rir).

Fernando Haddad, um dos vitoriosos de ontem, precisará negociar mais. Logo, sem muito tempo para festejar. Registre-se a leitura política de não disputar holofotes para que Lira pudesse curtir uma de estadista.

Mais tempo para celebrar terá Tarcísio de Freitas. Também vencedor na rodada, porém — ao contrário de Lira e Haddad — tendo contribuído bem menos para o triunfo. Chegou de última hora — e chegou chegando. Soube usar a condição natural, a de fiel da balança, própria a um governador de estado do tamanho de São Paulo, para pisar firme em Brasília e, lendo rapidamente o cenário, plantar suas condições. Era contrário. Saiu como um viabilizador da reforma e ainda, ante Jair Bolsonaro, como o adulto na sala.

PARTE
6

EMENDAS E EMENDAS

10/7/23

Não há qualquer problema, *per se*, na existência de emendas parlamentares; na distribuição de dinheiros provenientes de emendas às regiões de deputados e senadores.

Os legisladores têm a previsão formal de destinar recursos à ponta; ao governo cabendo a gestão do tempo sobre a liberação desses valores. Ante agendas-votações de seu interesse, como a reforma tributária, vício nenhum haverá — conceitualmente — no encaminhamento das granas; mecanismo que compõe a gramática da atividade política, especificamente a dinâmica da linguagem parlamentar. É do jogo.

A criminalização do pagamento de emendas resulta, já resultou, em Jair Bolsonaro.

Nem toda emenda, porém, obedece aos princípios que valorizam — e mesmo justificam — o exercício legislativo.

Em 2022, o STF declarou a inconstitucionalidade da emenda do relator — o orçamento secreto — conforme pervertida pelo governo Bolsonaro. Durante a campanha eleitoral, Lula bateu firme na prática. Ao final do ano, já eleito, abençoou uma costura que, articulando as aprovações da PEC da Transição e da Lei de Diretrizes Orçamentárias, pactuou formalmente a continuação — deslocado e camuflado — do sistema operacional do orçamento secreto.

Estava desenhada, na LDO, a arquitetura; postas as bases a que o orçamento secreto encontrasse os trilhos da permanência sob Lula. E houve um acordo para que metade dos bilhões originalmente designados às emendas do relator migrasse para sob as asas dos ministérios — com a condição de que esses dinheiros se mantivessem como propriedade dos parlamentares, o rumo das granas respeitando a partilha entre padrinhos na forma combinada antes da decisão do Supremo.

O acordo demorou a ser cumprido, os elmares reclamaram muito; mas começou a andar. No momento mais dramático, decisivo, do semestre, o trem se moveu. E, enfim, a execução do orçamento secreto, nos termos firmados em dezembro, pelo governo Lula. A cama estava feita. Havia meses. Era só deitar.

(Também disparados bilhões, nos últimos dias, em emendas Pix, aquelas que caem direta e difusamente nos cofres dos municípios, sem a exigência de atrelamento a um programa — mecanismo forjado para inviabilizar qualquer fiscalização.)

A revista *Piauí*, na pena de Breno Pires, publicou (em 7 de julho) reportagem dedicada exclusivamente à liberação de emendas — relativas a volume remanescente do orçamento secreto — pelo Ministério da Saúde. Somente, frise-se, pelo Ministério da Saúde.

Tem método no arranjo. Arthur Lira e seus liristas fizeram, nas últimas semanas, poderosa carga pelo controle da pasta. Levaram — levarão — a Funasa, a ser recodevasfizada, e garantiram a derrama de R$679 milhões do antigo orçamento secreto; dos quais R$197 milhões para Alagoas, dos quais R$18 milhões para o hospital cuja diretora financeira é prima de Lira.

Isto é o orçamento secreto. Emenda empregada autoritariamente. Que privilegia os donos do Parlamento e seus aliados. Os R$197 milhões para o estado do presidente da Câmara representando 29% de tudo o que a Saúde soltou do saldo do orçamento secreto. Alagoas, de Lira, o estado mais beneficiado do Brasil. E o hospital Veredas, de que Lira cuida com esmero, longe de ser o maior filantrópico da capital, ademais todo enrolado em dívidas, levando mais recursos — apenas o hospital, ressalte-se — que dezoito estados brasileiros.

Isso é o orçamento secreto. Emenda distribuída obscuramente. Para que seja quase impossível rastrear o destino dos dinheiros e seus patronos. No caso do Veredas, o Ministério da Saúde de Nísia Trindade — como fazia o governo Bolsonaro de Pazuello — não detalhou para onde foram os milhões. Informação que a *Piauí* só obteve por meio de consulta à secretaria municipal de Maceió.

O orçamento secreto não ataca somente os princípios da transparência e da equidade na gestão pública. É estrutura perfeita à constituição de esquemas de corrupção; como aquele que, por meio do FNDE e com dinheiros das emendas do relator, transformou a aquisição de kits de robótica por municípios alagoanos (compra feita a empresa de gente chegada a Lira) em episódio de superfaturamento e lavagem de dinheiro. Caso cuja investigação o STF, que declarou a inconstitucionalidade do orçamento secreto, não quer que ocorra.

O orçamento secreto continua.

De modo que: sendo certo que não se deve criminalizar o conceito republicano de emendas parlamentares, certo, igualmente, é que a defesa da legitimidade das emendas não pode encobrir o fato de que Lula as está pagando sob a mesma engrenagem concebida e consagrada por Bolsonaro.

Não convém esperar por produtos diferentes.

PAPO RETO

17/7/23

Já escrevi sobre quão ridículo é pretender dar conselhos a um presidente da República. O mesmo serve à pretensão de aconselhar ministro do Supremo. A cousa deixa de ser apenas ridícula quando o aconselhamento consiste na forma de expressão única ante a impossibilidade — afetiva — de criticar objetivamente.

Ministros do Supremo têm de falar menos — e se abster de eventos políticos e empresariais — não porque assim evitarão alimentar os inimigos da democracia; mas porque, pervertidos em debatedores e palestrantes, aviltam o signo de comedimento que fundamenta o papel que deveriam cumprir na República.

Aviltam a República. Papo reto.

A fala de Luís Roberto Barroso no congresso da UNE — a do "nós derrotamos o bolsonarismo" — é deletéria não porque ofereça carne a teorias da conspiração. Hipótese em que teríamos mero equívoco tático. (O bolsonarismo não precisa de fatos para barbarizar.) É nociva porque é mais uma num conjunto de posturas que subsidia, na sociedade não radicalizada, a percepção da Corte Constitucional não como o Poder que faz a balança, mas como corporação interferente e desequilibradora.

Convém sair da bolha e cair na real. O discurso de Barroso — sobretudo sua presença num ato de militância política — corrobora a noção popular de uma elite dirigente corrompida que, violando o pacto republicano, existiria exclusivamente em função dos próprios interesses.

A indignação corrente deriva da mobilização bolsonarista-oportunista; o que levanta questão desagradável sobre se estaremos, os democratas, autorizando, em função de agendas e outras conveniências, que ministros do Supremo se comportem como agentes políticos e se esparramem autoritariamente.

Participam de eventos assim com frequência. Quando nos incomodaremos? (Só quando for André Mendonça?)

Não há justificativa para juiz tomar lugar em ato político-partidário. A fala será o de menos. Não pode, porém, ficar sem análise. Produto de alguém que se sente parte daquele movimento. Oração de pertencimento. A manifestação de Barroso foi exaltação magoada de indivíduo que, compreendendo-se integrante, era então inesperadamente excluído, vítima de vaias e palavras de ordem contra decisões recentes suas. O ministro reagiu à rejeição.

Onde foi parar a contenção?

Barroso é integrante do STF e só. (E muito.) Sua existência pública pertence absolutamente ao Supremo — e às limitações próprias à condição de ministro do Supremo. Essas limitações não podem surpreender. E, se amolam, deveriam ensejar reflexão sobre largar a toga e concorrer a cargo eletivo. Papo reto.

Por que ministros de tribunal constitucional ficam à vontade a ponto mesmo de, repentinamente, um deles estar no palanque da UNE? Sob que grau de império — ou delírio — sentem-se confortáveis para esbanjar a força política de uma influência que é propriedade de um lugar de comedimento e impessoalidade?

Talvez estejam contaminados pelas evidências, donde a convicção de protegidos, de o Supremo ser Poder acima dos demais, que se alarga para invadir prerrogativas alheias; o que ocorre, progressivamente, por meio de gestos monocráticos — daí, especulo, o sentimento de onipotência. Uma explicação para o porquê de ministros do STF se tornaram desinibidos debatedores públicos e palestrantes internacionais.

Seria uma etapa natural, própria ao glamour togado, depois de normalizados como protagonistas de acomodações em Brasília, que transitam de convescote em convescote e participam de arranjos parlamentares, formuladores — legisladores mesmo — de soluções a impasses políticos; não tardando até que aplicassem a musculatura institucional em escaramuças e lobismos para que apadrinhado fulano ou beltrano seja o escolhido para essa ou aquela cadeira.

Não é normal.

Barroso anda menos pelas rodinhas da capital, mas não deixa de se valer das expectativas projetadas por um STF que se expande. Nunca escondeu ser um construtor — transformador — a partir da Constituição. Uma compreensão progressista da função de ministro do Supremo, que ora se desdobraria, naturalmente, permitindo ao intérprete criativo da Lei dar vazão ao militante político.

A onipotência sempre se acerca da ilha da fantasia.

Há outra explicação, complementar. Estão trabalhando pouco. Como tribunal, pouquíssimo. Nos últimos anos, o STF se converteu, em parte como decorrência da pandemia, muito mais ante a ascensão do sete-peles, em palanque — blindado — para canetadas individuais; esvaziado de seu caráter impessoal encarnado nas reuniões plenárias.

Há quanto tempo o que prevalece, desde o Supremo, é a alternância entre a atividade de seus ministros nos bastidores, em jantares com alcolumbres e outros pachecos, a distribuição de liminares corporativistas ou partidárias e as gestões xandônicas relacionadas aos inquéritos infinitos que salvarão a democracia?

BOM AMBIENTE

31/7/23

Progressistas e Republicanos — refiro-me aos partidos — no governo Lula. Agora vai. Será? Mais seguro seria: Progressistas e Republicanos, os partidos de Ciro Nogueira (Arthur Lira) e Marcos Pereira (Tarcísio de Freitas), com filiados no governo.

Agora firma.

É como se tem vendido terrenos na Lua. Miragem de oásis no deserto. Os vendedores, registre-se, estiveram sobre o palanque de Jair Bolsonaro até ontem.

O Planalto oferta as cadeiras. A turma aceita. Não entrega apoio — certamente não estabilidade. Ou entrega pouquíssimo. (Entrega nada sem negociações caso a caso — sem a liberação de milhões em emendas.) E depois diz que não prometera fidelidade. Que não integra a tal base. Mas que, perdendo os cargos que levou, opa: pegará mal. E que, por outra, ganhando ainda mais funasas, terá "boa vontade" para com o governo.

É curioso esse conceito de "boa vontade" ou "bom ambiente" — sem se comprometer com apoio perene — numa relação política que se pretende previsível. Ninguém, entre os bivares e outros comerciantes, saberá dizer quantos votos o "clima favorável" garante. A galera, no entanto, continua a vender lotes. "Bom ambiente" sendo outro nome para o chão de insegurança por meio do qual Lira gere (infla) seu poder sobre o Parlamento — e o governo — e apregoa sua imprescindibilidade artificial.

Quem será Arthur Lira em 2025, quando for ex-imperador da Câmara?

Até lá, será o fiador — maior ou menor — da governabilidade que o governo permitir que seja. Seu tamanho está superdimensionado hoje; e crescendo. O Planalto não é inocente no regime de engorda, pois soube distribuir os mesmos orçamentos secretos — para as mesmas codevasfs — de Bolsonaro quando sob risco de revés no Congresso; as mesmas emendas Pix, aquelas de fiscalização impossível, para os mesmos destinos e outros hospitais veredas. E logo serão conhecidas as novas expressões, produtos desta legislatura, dos kits de robótica.

Não faz muito, falávamos de Celso Sabino no Ministério do Turismo. É do União Brasil. Para ser exato: da facção lirista da confederação de interesses patrimonialistas em que consiste o troço. Grupo que tem Elmar Nascimento como líder.

Sabino viria — está confirmado já — para que o partido afinal fechasse com o governo. Não era essa a propaganda?

Mais uns cinco ministérios e Lula terá talvez contemplado todos os donos do balaio. Já estão lá, do União, dois ministros da federação alcolúmbrica. Sabino, que é Lira, parecia agradar a Nascimento, também Lira. No meio do caminho, porém, havia a demanda pela pasta com a porteira fechada. Sabino mais flexível ante a fome elmárica por todas as embraturs. Um choque de lirismos.

Quantos novos juscelinos e outros filhos será necessário abrigar na Esplanada até que se compreenda que não haverá união — não apenas no União — por apoio ao governo?

Novos juscelinos virão. Também os filhos. André Fufuca, do Progressistas, e Silvio Costa Filho, do Republicanos, serão ministros. Está pactuado. Serão; só não se sabe de quais pastas. Serão de alguma coisa. É esse o apetite que deveria alarmar Simone Tebet — mais do que a previsível (a administração é petista) indicação ideológica ao comando do avacalhado IBGE. Deveria alarmar duplamente, aliás; porque, antes de lhe ameaçar o assento, desafia as possibilidades de planejamento responsável do orçamento.

Lira quer o Desenvolvimento Social — o Bolsa Família — para Fufuca. (Futuca. Futuca.) Mas pode ser Ciência e Tecnologia, ou Indústria e Comércio, ou Portos e Aviação. Querem superfície. Pode ser qualquer uma; que a rapaziada mais nova manja de tudo — e aprende rapidamente. Vide Juscelino Filho nas Comunicações. Domina de tal forma a matéria que até pôde se dedicar aos leilões equestres.

Para outro filho, o Silvio Costa, fala-se no Ministério dos Esportes. Pode ser outro. Marcos Pereira, presidente do Republicanos, decerto não rejeitará a cadeira para um dos seus. A pergunta continuará de pé: o partido formará com o governo? Entregará ao Planalto algo para além do que já entregaria sob o acordado desaguar dos dinheiros das antigas emendas do relator?

O que esses partidos — Progressistas e Republicanos — oferecerão? Estabilidade-previsibilidade? Consenso sobre a pauta do Parlamento?

Irão Pereira e Lira — este, sim, mesmo desde a condição de presidente da Câmara — se declarar membros da base de Lula, como sob Bolsonaro?

Estão levando a corda e a caçamba. E almejam a Caixa. Já têm os dinheiros, senhores de largos fundos orçamentários. Terão, doravante, as estruturas por meio das quais ministrá-los. (Como sob Bolsonaro.) Como homens de boa vontade, cultivarão o bom ambiente sempre abertos a pedir mais quando chegar a próxima votação importante para o governo. É como se sustenta um clima favorável. (Como com Bolsonaro.) São e serão independentes — como não sob Bolsonaro.

IMPRESCINDIBILIDADE ARTIFICIAL

2/8/23

A notícia é de que Arthur Lira, vestido de "líderes partidários", decidiu por adiar a nova votação do arcabouço fiscal na Câmara. Talvez algo se mexa na semana que vem. Talvez se resolva na semana que vem. O importante é jogar sempre com o tempo; com a incerteza. Para exibir musculatura. O imperador do Parlamento manipula novamente a urgência — com o que esculpe para si uma imprescindibilidade artificial — de modo a pressionar o Planalto. Quer ministérios para seus fufucas.

A explicação que planta é outra — até generosa: quer "dar tempo para o governo reorganizar a base". Reorganizar? Esteve organizada algum dia? A premissa é básica: só se pode reorganizar o que já teve organização.

A verdade é que o pessoal — articuladores políticos de Lula incluídos — ficou emocionado com a aprovação da reforma tributária, acreditou num novo tempo (num "bom ambiente") nas relações com o Congresso; sem atentar para o fato de que o projeto do arcabouço fiscal, voltando do Senado, poderia ter sido votado ainda antes do recesso.

Por que não foi?

Lira não quis, sob cálculo. Porque não acredita no governo. O recado já estava dado ali. Palavra não bastaria. Será preciso materializar a entrega dos ministérios, quaisquer que sejam; para que o lirismo, senhor já de largos fundos orçamentários, finalmente junte a corda à caçamba. (Como era com Bolsonaro.)

Como temos memória, a pergunta se impõe: a aprovação do arcabouço fiscal não era agenda — cito o próprio presidente da Câmara — de Estado? Não estava acima de pelejas com o governo e dos arranjos, digamos, político-orçamentários?

Enquanto o pessoal do Planalto cochilava ao embalo do "bom ambiente", e como se não estivessem as mensagens já bem claras, Lira foi ao Roda Viva projetar a futura demissão do ministro Alexandre Padilha, cujo cargo teria "prazo de validade". O jogo é bruto. E vai continuar, mais ou menos os fufucas com ministério. A cada votação, maiores ou menores os fufucas ministros, a turma manifestará a "boa vontade" para com o governo pedindo mais funasas — talvez uma Caixa, se for PEC.

Falei em prazo de validade. Gosto de falar de tempo. Arthur Lira também tem data para expirar. Seu poder, derivado exclusivamente da condição de presidente da Câmara, acabará em fevereiro de 2025, ao deixar a mesa, e mesmo já um tanto antes, quando a campanha por sua sucessão ganhar corpo independentemente de sua vontade.

Não dou conselho a governante. Mas é da ordem do beabá o Planalto não se esquecer disso. Lira tem pressa. Não parece. Tem. Não poderá se reeleger. Quer celeridade nas colheitas; no exercício das influências. Ele depende do governo também — e dependerá cada vez mais. Hábil, porém, transforma o relógio que o comprime em instrumento para forjar impasses e inflar o próprio poder. Já escrevi antes: o presidente da Câmara sempre será fiel da balança, mas o peso de Lira está superdimensionado. (Se fiel da balança é, será sempre um fiel da balança do tamanho que o governo permitir.)

É bom falar de tempo. A forma como os poderosos o gerem afere graus de responsabilidade. Lira é um irresponsável. Planta, em linguagem de banqueiro, que "o mercado já precificou o novo marco fiscal"; como se o centro da questão fossem as percepções — as sensações — de agentes econômicos. Como se não se tratasse de problema objetivo e essencial. Da aprovação do arcabouço fiscal dependendo, por exemplo, de gravidade, a votação da Lei de Diretrizes Orçamentárias e a conclusão da Lei Orçamentária Anual — a ser enviada pelo governo até o fim de agosto. Prioridades para o planejamento mínimo da administração pública.

Não que se deva esperar que autoritários do orçamento secreto compreendam a natureza republicana da construção do Orçamento da União.

CATADÃO

14/8/23

O novo PAC, o terceiro, consiste num apanhadão de projetos já existentes — em andamento ou prometidos, viáveis ou não. Nenhuma novidade na forma inflada. É tão grande que conterá — basta fazer as contas — o governo e quem lhe passar na frente. Nenhuma novidade tampouco no mau humor do maledicente, para quem o PAC garantirá o país do futuro por meio do país do passado.

O truque — a abertura de um guarda-chuva publicitário, sob o qual tudo botar — é tão antigo quanto manjado. As versões anteriores do Programa de Aceleração do Crescimento sempre aceleraram sobretudo — e antes de tudo — nos outdoors. Não raro em detrimento da governança e da qualidade na execução.

O Brasil virou um grande PAC e o Rio de Janeiro, um sergiocabral permanente. Diria mesmo eterno. Em tempos de orçamento secreto e emendas Pix, nunca será excessivo atentar para a capacidade de um programa de aceleração atropelar o princípio da transparência. Em tempos de distribuições pela formação de base de apoio parlamentar, nunca será exagerado imaginar o aceleramento, via PAC, das codevasfs e outras funasas.

(Registre-se que a festa do crescimento acelerado coincidiu com o bom momento do trator Arthur Lira nos tribunais da nação — o seu PAC maior sendo a anulação, pelo STF, das provas que o implicariam na investigação dos kits de robótica. O presidente da Câmara esteve no convescote carioca de celebração da volta ao passado. Todo mundo feliz. E ainda virão os fufucas ministros. Alegria.)

Pacotões como o PAC carregam em seus anúncios intervenções de peso — ferrovias, por exemplo — que, postas a andar, cortariam parques nacionais e reservas indígenas, e que estão muito longe de ter licenças para avançar. É da lógica do acelerado divulgar para depois cuidar da viabilidade. Nenhuma novidade. Tampouco nas consequências de se ir com muito ímpeto manejar dinheiros públicos em nome dos "anseios mais justos da nossa população". Isso atrai patriotas como a água no deserto.

Como peça de propaganda, o catadão de iniciativas para fazer volume sempre funciona. Faz vista. Um trilhão de reais em investimentos. Para ser preciso: R$1,4 trilhão em quatro anos. Uau!

De onde virá o dinheiro?

De todo canto onde houver previsão de gastos em obras-aquisições associadas de alguma maneira ao governo federal. O corpo do PAC engorda abarcando parcerias público-privadas e concessões, e contabiliza até recursos da poupança para financiamentos habitacionais. (Engloba também financiamentos a estados e municípios.)

A Casa Civil da Presidência da República informa que, do quase trilhão e meio, mais de R$600 bilhões virão de investimentos privados. É o PAC. Que vem passando o rodo.

De onde mais virá a grana? Da Petrobras. A petroleira, mais uma vez, será a puxadora do bicho; com cerca de R$330 bilhões em investimentos — quase tudo há tempos incluído no plano estratégico da companhia. Raspe-se. Requente-se. É o PAC e é novo.

O presidente Lula, a propósito, referiu-se a "retomar a construção de milhares de obras". Supõe-se que também aquelas paralisadas por falta de gestão e roubalheiras no curso das administrações petistas. No caso das refinarias, o PAC revitalizará as empreitadas barbarizadas — nunca concluídas — de Abreu e Lima, em Pernambuco, e do Comperj, no Rio de Janeiro? Só esse complexo petroquímico deixou prejuízo de quase R$15 bilhões.

Não é porque houve corrupção dos meios nas investigações da Lava Jato — e houve — que não terá havido corrupção nessas obras. Houve. Muita. Nas edições anteriores, o PAC, pretendendo atender aceleradamente aos "anseios mais justos da nossa população", acabou por induzir o crescimento do petrolão.

Será o "novo" do velho PAC pregão de esperança em que se tenha aprendido algo com as bandalheiras do passado?

Não é banal o lançamento de um programa trilionário de despesas — investimento, por lindo que seja, também é despesa — sob um teto de gastos destelhado e sem que aprovado esteja o novo arcabouço fiscal. Qual a mensagem?

Serão da ordem de R$60 bilhões os investimentos diretos anuais do governo no PAC até 2026 — dinheiro em larga medida inexistente para 2024, aquele que seria o ano do déficit zero. Ou melhor: dinheiro que inexiste fiscalmente; e que depende da aprovação, na Câmara, do texto mais frouxo conforme modificado no Senado. Qual a mensagem?

Porque grana os governos fabricam, ademais, manobrando contabilmente o orçamento. Veja-se a exceção que se tenta pendurar na LDO — a regra fiscal ainda num limbo e o governo já se movendo por um desconto. Qual a mensagem?

O histórico do PAC é de contratação de endividamento. Aliás, o esculhambado — a começar pelo liberalismo de Bolsonaro — teto de gastos foi uma resposta aos déficits empilhados pelas versões originais do programa; que teriam falido o país, pudesse um país falir. Falimos nós.

Vamos nessa de novo?

O MIMADO LIRA

15/8/23

Não se pode descartar a hipótese de que Arthur Lira buscasse um pretexto para subir o preço de seu (duvidoso) apoio. Os ministérios para seus fufucas ainda não saíram e ele tem a aprovação final do arcabouço fiscal como instrumento de pressão. Refiro-me à reação ante a entrevista que Fernando Haddad deu a Reinaldo Azevedo. Fui ouvi-la.

Não tardou para que encontrasse o que, creio, terá agastado o mimado Lira e feito com que, assim plantado, desmarcasse reunião que cuidaria do arcabouço fiscal. (Com o que só corroborou — nenhuma novidade — a sua condição de avesso do estadista.) Falava-se sobre o poder sem precedentes da Câmara e seu crescente controle sobre o orçamento. Haddad disse que nunca vira coisa igual. E Azevedo acresceu: ninguém, uma vez conquistada, renuncia a tal força.

É na sequência que o ministro da Fazenda desenvolve o raciocínio que pegaria especialmente no nervo da "pessoa" Lira — a razão do faniquito:

— Mas sabe o que é bom da democracia? É que a pessoa não vai ter esse poder para sempre. A instituição pode até ter. E você não sabe na mão de quem estará daqui a dois anos, quatro anos, dez anos. Então, tem momentos de transição que você repactua. E aí tem o futuro.

O presidente da Câmara poderia estar mesmo em busca de pretexto para elevar o custo de seu apoio (terreno na Lua); mas aqui temos Fernando Haddad, sem dúvida, tocando na ferida do autoritário: Arthur Lira tem data de validade. O futuro virá. Não há imperador. Ou melhor: o imperador expirará.

Mais. Haddad trata da sucessão de Lira. É onde o bicho pega a valer; porque essa é projeção — a da própria finitude política — que o deputado quer adiar ao máximo. Haddad trata da sucessão e não esconde que a próxima eleição à presidência da Câmara será potencialmente um "momento de transição" — uma oportunidade para a repactuação.

Eis "o bom da democracia". Se a instituição tem musculatura crescente, e tem, amanhã poderá ter por comandante um aliado do governo. Há um plano. É o ministro da Fazenda, a seu modo, informando que o Planalto, corretamente, considera que a única forma de minimizar a independência orçamentária do Congresso está em ter gente sua no comando da Câmara.

Contra isso, o mimado Arthur Lira bateu o pé. Fim.

COM TODAS AS VÊNIAS

28/8/23

O Supremo finalmente votou sobre a constitucionalidade do juiz de garantias. Lei aprovada pelo Congresso em 2019, cuja aplicação estava suspensa — desde 2020 — em decorrência do já histórico (e desde já as minhas escusas ao ministro) monocratismo corporativista de Luiz Fux.

Um juiz segurando, por anos, o exame de ação acerca da validade de desígnio do legislador. Um juiz, sozinho, impedindo que a Corte Constitucional cuidasse de informar se lei votada pelo Parlamento estava de acordo com a Constituição.

Interditava não apenas o trânsito pleno da atividade do Legislativo. Também boicotada — interrompida mais uma vez — a expressão colegiada-impessoal do tribunal, a que dá força à Corte que compõe, cujo plenário esvaziado contrasta com a forma desinibida como os togados progressivamente usam suas musculaturas individuais.

Fux foi voto vencido (vencido igualmente o abuso de poder), ainda que tenha reformado a própria derrota — a óbvia constitucionalidade da lei obviamente posta — para que não o expusesse tão isolado. Terminou o julgamento modulando para propor-defender que a implementação do juiz de garantias fosse facultativa, a depender de cada tribunal.

Perdeu também. O STF analisava a constitucionalidade da matéria. Sua função. Sendo constitucional, e sendo lei votada pelo Congresso como para de estabelecimento obrigatório, obrigatória ser-lhe-á a aplicação. Ponto final. Ainda que seja — a ideia de limite — de difícil compreensão para mentalidades autoritárias empoderadas.

Ministros do Supremo (perdão) não podem tudo. Sempre poderão, largando a caneta que assina liminares, concorrer, via voto popular, a uma cadeira no Parlamento — o espaço deliberativo essencial, na República, para a reforma das leis.

O que é, em resumo, o juiz de garantias? Figura que cuidará do período de instrução do processo, da supervisão da coleta de provas e da autorização de medidas cautelares — etapa em que o magistrado tem contato quase que exclusivo com elementos levantados pela acusação, o que poderia gerar algum grau de contaminação. A partir da denúncia oferecida, entrará em campo um juiz para tratar de sua eventual recepção e, em caso positivo, do julgamento em si.

Não existe legislação capaz de encarnar a panaceia de um sistema puro, imaculado, livre de distorções. A constitucionalidade do juiz de garantias deriva, sem maiores fantasias, do objetivo de seu advento: por meio da redução do risco de parcialidade nos julgamentos, assegurar — o próprio espírito da Constituição — o respeito aos direitos fundamentais dos investigados. Um ideal a ser perseguido. Uma meta, pois, constitucional.

Destaco trecho do voto de Luís Roberto Barroso: "Bom ou ruim, gostando ou não gostando, acho que foi uma decisão legítima tomada pelo Poder Legislativo. De modo que, não havendo incompatibilidade com a Constituição Federal, o nosso papel é acatar a vontade manifestada pelo legislador."

A passagem define a atribuição da Corte Constitucional — faz lembrar o valor da autocontenção, essa saudosa — e tem especial peso por ser Barroso, com todas as vênias, um habitual senador togado.

Passagem não desprovida de algum humor por haver o Supremo, mesmo numa rara votação em que — ao menos em discurso — colocou-se no lugar, modificado o texto aprovado pelo Congresso. Ou não terá o Legislativo determinado que o juiz de garantias sairia de cena somente após o recebimento da denúncia? Ah, os vícios...

Esse julgamento, a propósito de se ampliar o alcance do debate, suscita reflexões de fundo, para além das pautas do dia. Porque já existe, no Brasil, desde há muito, literalmente em última instância, um juiz natural de garantias: o Supremo. O Supremo em sua natureza plenária: o juiz de garantias.

A Corte impessoal garantidora de direitos. Percebida como biruta aos ventos, ajustando jurisprudências em função de circunstâncias políticas, tomando decisões de controle de constitucionalidade sob a avaliação de impactos sobre esse ou aquele lira. Ora plataforma para exercícios monocráticos de poder em nome da guilda e até da democracia, em defesa da qual se chancelam justiceiros e vão autorizados inquéritos sem fim e sem objeto.

O Supremo, o tribunal garantidor, antes uma altitude para invasão de prerrogativas, pulando o muro das competências alheias onde avaliar existirem omissões — como se a omissão do Congresso não fosse também expressão da democracia representativa.

E então o desfilar de ministros-palestrantes que, em convescotes com autoridades cujo foro é o STF, fazem lobby e concorrem entre si — publicamente, estampados nas manchetes — para que seus apadrinhados sejam os escolhidos a esse e aquele cargo.

Uma Corte Constitucional percebida — perigosamente — como tribunal de pequenas grandes causas privadas-elitistas. Percepção que desacreditará, desacreditado o juiz de garantias fundamental, qualquer outro.

O FUTURO A DEUS PERTENCE

4/9/23

— Recebi, pelo sistema oficial do governo, receitas suficientes para zerar o déficit fiscal, sejam já realizadas, sejam as que estão por vir. O futuro a Deus pertence. Nós não sabemos, diante do imponderável. Mas tem de ser algo imponderável.

A declaração é de Simone Tebet, ministra do Planejamento. Que planeja com fé. Faz sentido, se olharmos para o orçamento apresentado e considerarmos tudo quanto se lhe promete pendurar até dezembro. As "receitas que estão por vir" terão de ser divinais. Disso sabemos. Haja Deus na causa.

Imponderável, tendo a ver com peso, é aquilo que ora não se pode medir. Um elemento — de carga indefinível — que influenciará; que talvez condene.

Imponderável é o imprevisível. Certo sendo que o governo remeteu ao Congresso o Projeto de Lei Orçamentária Anual de 2024 sem que a LDO tenha sido votada e dependente de que nela se embuta a previsão de teto solar para despesas condicionadas de pelo menos R$30 bilhões — há quem as estime em R$40 bilhões. Sabe-se como começa. E como termina.

Do imponderável, a multiplicação dos mensuráveis. O imponderável como certeza. Gastos aumentarão; com eles, a tentação das exceções-puxadinhos. A carne é fraca. Assim vai desafiado, de largada, o arcabouço fiscal. Carcaça cujo voo curto talvez seja ainda menor.

É inquietante que a titular do Planejamento fale em Deus ao tratar do porvir do orçamento. Não que esteja errada. Recorre ao Senhor para não se referir à proposta orçamentária como peça de ficção — com viés para o fantástico. Certo sendo — se o aumento das despesas é uma constante e se cortar gastos não compõe a fé — que a conta só fechará com baita crescimento de arrecadação.

O déficit zero, cartaz da nova regra fiscal, depende de dinheiros — muitos dinheiros — ainda em vias de fabricação. Depende da boa vontade do Parlamento. Tudo mui ponderável. Não barato. O futuro a Lira pertencendo. Haja Deus.

Deus já deve estar de saco cheio — cantou Almir Guineto. Cantou Arthur Lira que "o Brasil não pode ter medo da reforma administrativa". Tem cantado nesse tom:

— Eu não estou pautando, mas há duas maneiras de se equilibrar suas contas: ou aumenta a arrecadação ou diminui as suas despesas. A única maneira de controlar os seus gastos é com a reforma administrativa.

Claro que está pautando. Ou tentando. Tentando dirigir a agenda. A opção do governo é pelo equilíbrio via crescimento de receitas. Ele, sob pressão, contrapõe-se — solando a grupos específicos — como agente pela austeridade nas despesas. Agente, no mundo real, contrário à taxação das offshores. Sendo também falso que a reforma administrativa — necessária, mas que nunca integrou o conjunto de compromissos da chapa presidencial eleita — consista no único jeito de conter gastos.

O futuro a Lira pertence. E ele é perdulário com foco, zelador cioso dos tesouros do Parlamento.

Veja-se o capítulo das emendas parlamentares. A previsão está em R$37,6 bilhões. Montante exclusivamente posto para impositivas. Liristas e outros elmares, daqui até o fim do ano, pelejarão para ter ao menos mais R$20 bilhões — trabalharão ao menos pela manutenção daquela massa que era do orçamento secreto e que, disfarçando-se, foi redistribuída em 2023. Boa parte da qual despachada autoritariamente, à revelia de políticas públicas e à margem dos mecanismos de fiscalização.

De uma reforma das emendas alcolúmbricas os senhores do Congresso, pachecos incluídos, não querem cuidar.

Não desistirão dessa grana nem dos modos de lhes dispor. E o Planalto sabe. Joga o jogo da carochinha. Não à toa tendo lançado para baixo — pela metade — o orçamento do Ministério da Integração e do Desenvolvimento Regional. É a casa do espólio do orçamento secreto — que terá o baque orçamentário compensado pela derrama de emendas nas codevasfs. Uma certeza — mais uma — que materializa o orçamento como obra de ficção. Vai inchar. Sem vítimas, senão o povo.

(Já que falei em Codevasf e certeza, não terá sido por falta de alertas: por meio de Juscelino Filho, o ministro das Comunicações e dos Leilões Equestres, Lula levou o orçamento secreto para dentro do governo. Não o fez inconscientemente.)

Outro exemplo de por que o orçamento para 2024 é exercício ficcional a desafiar o madeiramento do arcabouço fiscal? Considere-se o inscrito para o Fundo Eleitoral em ano de eleições municipais: R$939,4 milhões. Foram R$4,9 bilhões para 2022. E, não existindo regra fiscal — teto de gastos — para partidos políticos, jogue-se a inflação e saia seguro de que não serão menos do que R$5,5 bilhões. Vai inchar.

Sim, o governo baixou o valor para que a ficção orçamentária forçasse o Congresso ao ônus de subir a régua. É certo que não haverá constrangimentos para fazê-lo. O Planalto simulará resistência. Etc. O futuro a Lira pertence. Deus nos proteja.

ANISTIA PARA DIAS TOFFOLI

11/9/23

Este artigo é sobre a imprestabilidade de um juiz para julgar a prestabilidade de conjunto de provas em que está citado.

Em 13 de julho de 2007, Marcelo Odebrecht enviou e-mail a executivos da companhia: "Afinal vocês fecharam com o amigo do amigo do meu pai?" Resposta de Adriano Maia: "Em curso."

Em 9 de abril de 2019, Odebrecht apresentou esclarecimentos sobre mensagens que entregara para substanciar sua colaboração. A Polícia Federal queria saber quem era "o amigo do amigo do meu pai". O empresário elucidou: "Refere-se a tratativas que Adriano Maia tinha com a AGU sobre temas envolvendo as hidrelétricas do rio Madeira. 'Amigo do amigo do meu pai' se refere a José Antonio Dias Toffoli."

AGU é Advocacia-Geral da União, então comandada por Dias Toffoli, época em que a Odebrecht tentava vencer — e venceria — a disputa pela construção da usina de Santo Antônio, no Madeira.

Marcelo Odebrecht acrescentaria que a "natureza e o conteúdo das tratativas" só poderiam "ser devidamente esclarecidos por Adriano Maia, que as conduziu".

Nunca houve novos esclarecimentos — jamais se soube o que estaria "em curso", idem o significado daquele "fecharam" do "fecharam com o amigo do amigo do meu pai?" — nem há referências a pagamentos etc. associados ao codinome do ora ministro do STF.

Se não é possível, apenas com base na menção a Dias Toffoli, afirmar que havia algo de ilegal nas relações com a construtora, é seguro dizer que a alusão deveria bastar para que se declarasse impedido de apreciar o caso.

Se a questão fundamental é a defesa do devido processo legal, tão atacado pela corrupção de meios da Lava Jato, fundamental deveria ser o impedimento do ministro para cuidar de tudo quanto se referisse à Odebrecht nos escombros da operação. Em vez disso, esteve bem à vontade, agudo o faro das oportunidades, para decretar a nulidade de todas as provas derivadas do acordo de leniência da empreiteira — inclusive a porção que o cita.

Só mesmo o ímpeto por vingança, que acomoda os abusos de poder, somado ao triunfo do vício monocrático, com o qual juízes da Corte Constitucional dissimulam autoritarismos para gerir assuntos pessoais, explica que Dias Toffoli faça o que fez se arvorando ainda de guardião do Estado de Direito.

Ele terá evoluído; sofisticado o estilo. O conjunto colhido pela Lava Jato seria, segundo o ministro, produto do "pau de arara do século XXI", mesmo que nenhum Odebrecht parecesse estar seviciado ao falar. Delataram — e acordaram as leniências — assistidos pelas melhores bancas do país.

(Se a forma do acordo do Estado com graúdos da empresa foi exercício de tortura, como se deveria nomear o que se aflige aos pobres presos preventivamente Brasil afora, presídios adentro?)

Dias Toffoli progrediu. Avançou da condição de censor da atividade jornalística à — raríssima — de juiz responsável pela garantia da higidez do devido processo legal, depois de haver anulado a validade de provas que o mencionam.

Falei em censura. Em Dias Toffoli censor. É impreciso. Ele terceirizou o ato, preciso sendo que havia muito a cadeia de amizades o incomodava. Marcelo Odebrecht contara quem era "o amigo do amigo do meu pai" em 9 de abril de 2019. No dia 11, a *Crusoé* publicou reportagem a respeito. No 15, a revista seria censurada, obrigada a tirar a matéria do ar.

Barbaridade inicial do onipresente, onisciente e eterno inquérito das fake news, criado por Dias Toffoli em março daquele ano — sob o argumento de defender a honra dos ministros do Supremo — e dado para a gestão de Moraes, donde a censura terceirizada. Moraes censurou.

A censura mobilizaria a reação da sociedade e logo cairia. A reportagem da *Crusoé* está aí, para quem quiser ler. Mais uma razão para que se rechacem os desejos por tornar peças secretas canetadas como a de Dias Toffoli.

A censura caiu. A matéria está disponível. Dias Toffoli é, segundo Marcelo Odebrecht, "o amigo do amigo do meu pai". É. Ao mesmo tempo, era. Já era; porque doravante vige a imprestabilidade do esclarecimento, a esterilidade da apuração, impossíveis quaisquer elucidações sobre tratativas e fechamentos. "Segundo Marcelo" não existe mais — decidiu Dias Toffoli.

O "pai" (de Marcelo) é Emílio, amigo de Lula — amigo de Dias Toffoli. Era. Dias Toffoli era amigo de Lula. E continua não sendo; o ministro militando, em maiúsculas, para refazer os laços com o (de novo) presidente e turma.

Não lhe falta coragem; de maneira que vai urgente, por favor, que Lula responda ao zap e perdoe — anistie — o ministro.

ADEVOGADOS

18/9/23

Sobre os advogados dos golpistas réus julgados no Supremo, ouvi e li que atuaram tecnicamente muito mal. Isso tenderá a ocorrer sempre que houver perversão da prerrogativa de foro — e aqui foi a Corte Constitucional a violar a Constituição. Defensores humildes, sem experiência e desapetrechados, falando por cidadãos que não deveriam ser julgados no STF.

Causa e efeito.

A miséria de defesas incapazes de defender é consequência de o tribunal haver criado um foro excepcional-simbólico para dar recado exemplar julgando — com a licença de Gaspari — "o andar de baixo".

O próprio Alexandre de Moraes, essa competência universal, em sua versão juiz comentarista de defesa, aproveitou a vitrine do julgamento para condenar um dos advogados: "não analisou nada"; preparou "discursinho para postar em redes sociais"; esqueceu o processo e quis "fazer média com os patriotas".

Julgou e condenou — "um momento triste, que vai ficar na história e nos anais do Supremo Tribunal Federal" — o advogado em pouco menos de três minutos:

— O réu aguarda que seu advogado venha aqui, venha defender tecnicamente, venha analisar tipo por tipo. O advogado ignorou a defesa. O advogado não analisou nada. Absolutamente nada. Não analisou a associação criminosa. Não analisou dano. Não analisou nada porque o advogado preparou um discursinho, um discursinho para postar em redes sociais. Isso é muito triste.

(Tudo muito triste.)

Concordo. Não seria meu advogado. Mas, atenção: não invadi nem depredei as sedes da República com palavras de ordem pela derrubada dos Poderes. De modo que seria o caso — para aferir satisfações — de lhes ouvir os clientes. Terão ficado desgostosos? Arrogância de bolha elitista à parte, "o réu aguarda" o quê?

Para alguém que considerasse ter o destino já traçado, perseguido e injustiçado, condenado de antemão qualquer que fosse a estratégia e sem outras instâncias recursais, aquilo — "o discursinho" — talvez tenha sido uma aula do que "deve ser feito na tribuna da Suprema Corte do país".

Sim, um cínico diria que os golpistas miúdos já estavam condenados, pinçados para imolação em nome da normalidade institucional, e que banca graúda nenhuma lhes atenuaria a dosimetria; que o advogado, jogando para galera (e, claro, com pretensões eleitorais), trabalhou pessimamente; e que Moraes — essa onipresença — excedeu-se, expandindo sua musculatura togada para avacalhar um causídico.

Não seria preciso um Fla-Flu a respeito. É sempre possível que, ao mesmo tempo, o advogado tenha defendido mal o cliente — e ofendido o STF — e o ministro, se comportado mal como juiz, enfraquecendo "a própria Justiça". (Tudo muito triste.)

— Presidente [dirigindo-se a Rosa Weber], é patético e medíocre que um advogado suba à tribuna do Supremo Tribunal Federal com um discurso de ódio (...).

Como classificar, então, a intervenção de ministro que, no plenário do Supremo, vale-se de sua prerrogativa — também dos holofotes — para esculhambar um advogado que falara desde a tribuna? E terá sido com amor — e não com a face trincada — que pregou Moraes?

O respeito à advocacia deve partir da magistratura e ser assegurado, incondicionalmente, por ela, tanto mais na Suprema Corte e não importando o grau da provocação-ofensa.

Não podemos perder os parâmetros sobre o que seja um juiz de Corte Constitucional. Cabe-lhe garantir a respeitabilidade do tribunal. Dar o exemplo. Manifestar-se impessoalmente — colegiadamente. Prezar pelo comedimento. Ministros, no entanto, produzem votos com a intenção *instagramável*, pensando (também) em tiktoks para lacração nas redes, e depois reclamam de advogados fazerem o mesmo.

Falou Moraes, cuidando de passagem em que o defensor confundiu escritores-livros nada afins:

— (...) só é mais triste porque ainda confundiu *O príncipe* de Maquiavel com *O pequeno príncipe* de Antoine de Saint-Exupéry, que são obras que não têm absolutamente nada a ver. Mas, obviamente, quem não leu nem uma nem outra, vai no Google e às vezes dá algum problema.

Para que o achincalhe? O que expressa, senão autoritarismo, um ministro do Supremo se valer de superioridade formal para ridicularizar um advogado?

A propósito de livros e autoridade, é ruim que o que leu tudo seja aquele que humilhará um pilar do Estado de Direito. Especialmente grave que aquele que leu tudo seja o que confunde — e exerce — as funções de investigador, acusador e julgador. (Confunde?) Que aquele que leu tudo seja o mesmo que, em nome da democracia, toca solo inquérito infinito que já censurou uma revista.

Esse gênio não voltará mais à lâmpada; o gênio sendo — para além do indivíduo, do togado da vez — um modo de agir. Trilha aberta a que outro juiz — de repente um justiceiro que não justice para salvar a República — lance mão.

PARTE
7

FUFUQUISMO CULTURAL

25/9/23

André Fufuca, ministro dos Esportes, está em campo. Esteve até distribuindo medalhas, como se emendas Pix, na final da Copa do Brasil. Está em campo e em todas, donde as entrevistas que tem dado — e que o cronista coleciona.

É falador. Lula não se poderá vender por surpreendido no futuro. Pôs mais um juscelino filho — mais um bocado de personificação do orçamento secreto — para dentro. Mais um representante de Arthur Lira no ministério, encarnação de uma cultura que prospera no Congresso. Expositor generoso da lógica lirista de ocupação do poder e das chances de o Planalto constituir base estável no Parlamento.

Ao *Globo*, declarou:

— Não saberia lhe precisar [quantos dos 49 votos a bancada do PP garantiria ao governo] com correção, até porque é uma questão mais pontual. Porém, eu tenho como pensamento que o partido manterá o apoio que vem mantendo (...).

O ministério que ganhou é concreto. O apoio que assegura, um "pensamento". Destaque à "questão mais pontual": "o partido manterá o apoio que vem mantendo". Operação *sui generis*. O Planalto oferta mais e mais terrenos em troca do que já tinha. Tinha nada. A velha "questão mais pontual", a da base de apoio episódica; aquela com que se comercia caso a caso, projeto a projeto, emenda por emenda.

Perguntado sobre se estaria satisfeito com o ministério que levou, disse:

— Eu acredito no potencial da pasta que a gente está à frente. Acho que o Ministério dos Esportes tem uma capilaridade muito forte. Tem uma entrega muito forte e, se houver apoios necessários do Executivo, a gente tem como fazer um brilhante trabalho aqui.

"Capilaridade muito forte" e "entrega muito forte". Capilaridade é presença e alcance. A pasta tem potencial. A "entrega muito forte" — o preenchimento dessa capilaridade — dependendo dos "apoios necessários do Executivo". Traduzo: orçamento crescente e fluente.

Fufuca é transparente. Entende tanto de políticas públicas para o esporte — expressão da baixa qualidade técnica da reforma ministerial — quanto Jorge Sampaoli sobre o que fazer com os jogadores do Flamengo num jogo de futebol. Sabe nada da pasta que ganhou. Sabe tudo o que quer — e poderia ser qualquer ministério (superfície):

— Nós temos projeto de ampliar secretarias. Ter secretaria voltada ao empreendedorismo, ter diretoria voltada a questões sociais, esporte, jogos. Temos um projeto amplo de fortalecimento e ampliação do ministério que a gente espera ter a sensibilidade do Executivo para tornar realidade. Tem essa construção. Estamos terminando de construir para passar o mais rápido possível para o presidente da República.

Ampliar secretarias. Mais cargos. Mais área de influência. Um "projeto amplo" para ampliar o ministério. Muita escala. Um projeto de crescimento da pasta, só possível com a "sensibilidade do Executivo". O "fortalecimento": grana. Na entrevista, Fufuca usa o verbo construir seis vezes. Construir é ampliar; erguer. Não bastará ter capilaridade. Tem de ocupar. Fisicamente.

Ao *Estadão*, cuidou do que seriam suas prioridades:

— Sem sombra de dúvida, tentar democratizar o espaço de qualidade do esporte. Temos um déficit absurdo de estrutura física de esporte no Brasil inteiro.

Democratizar: construir. "Democratizar o espaço de qualidade." Tem de ser palpável e caprichado. As sobras do orçamento secreto já se empenham para levantar "estrutura física" — uns estádios — no Maranhão do ministro.

Como produzir esse "espaço de qualidade do esporte"?

— Primeiro, entrega de orçamento. Para ter estrutura, tem que ter orçamento. Então, a primeira coisa que a gente tem que fazer é ter o apoio do Executivo e correr atrás de orçamento no Legislativo. Isso a gente já está trabalhando para fazer.

Ora: "correr atrás de orçamento no Legislativo" — e nem precisará correr tanto assim, o ex-líder do PP na Câmara — é robustecer o ministério por meio de emendas parlamentares.

Há, porém, muita insatisfação sobre demora na liberação de emendas. Qual o plano para reverter essa dificuldade?

— Primeiro, ampliar o setor responsável por isso aqui. O setor de assessoria parlamentar que tem aqui e o setor que trata de meta é muito deficitário. Tem pouco funcionário. A primeira coisa é fortalecer isso para que a gente possa dar vazão. O ministério tem que ter entrega, tem que ter obras rápidas. Você não pode ficar aguardando uma vida para entregar uma obra.

Ampliar o setor, aumentar o corpo do ministério, para dar vazão à demanda por dinheiros e responder ao "déficit absurdo de estrutura física de esporte". Construir. Ampliar. Fortalecer. Entregar. Estruturas físicas. Obras. Obras rápidas.

Fufuca até poderá ser ministro de Estado um dia. Hoje é lobista — negociador (construtor) de espaços — do Lirão (antes houvesse um Centrão) dentro do governo.

Está certo o ministro Gilmar Mendes — poderia ser proclame de Arthur Lira, sobre a Câmara. Estranho seria se alguém ali tivesse medo. Medo tem quem anda nas ruas e vende o almoço para poder jantar.

VENENO
4/12/23

O gênio não voltará mais à lâmpada. Está solto, para além da materialidade xandônica, à disposição do togado que lhe quiser incorporar, ratificado até pelos do "cala a boca já morreu". Qual a surpresa — a defesa da democracia tendo produzido excessos autoritários — em o Supremo, tribunal das jurisprudências de areia, tomar decisão inconstitucional?

O STF a transformar o exercício jornalístico em atividade de risco, exposta a liberdade de imprensa à avaliação do juiz da esquina. A Corte, pois, descentralizando as possibilidades de arreganho. Um convite — não o primeiro — ao autoritarismo país adentro.

Não há outra definição a uma "tese" — chamaram de tese — que se fundamenta no conceito de "indício concreto". A Corte Constitucional, que deveria defender a estabilidade-previsibilidade nos usos da Lei, fundou a corresponsabilização de empresas jornalísticas pela publicação de entrevistas com "indícios concretos da falsidade da imputação". (Houvesse esse recurso antes, talvez nem fosse preciso censurar a *Crusoé*.)

Eis a formulação-puxadinho do STF. Que estimula o jornalismo de gabinete, sem dúvida uma garantia, a ser praticado por meio do off oficial, não raro daquele que, imune a plantar falsas imputações em suas versões, afinal julgará a "falsidade da imputação."

O tribunal terá agora de explicar o que significa a "tese", já iniciada a campanha do "não é bem assim". É, sim. Será penoso observar. Porque, inclusive para as práticas processuais do Judiciário, ou é indício ou é concreto. Se a imprensa não puder trabalhar com a categoria "indícios" para suas apurações, equivalerá a se exigir mais do jornalismo do que do sistema judicial.

Já existem mecanismos funcionais de responsabilização para casos de veiculação de conteúdos comprovadamente caluniosos etc. O que o Supremo produziu, sob argumentação vaga, foi a fixação de diretriz aberta, de natureza cerceadora, que plantará prevenções a uma atividade que opera no campo da controvérsia. Sob repercussão geral, daí que, para aplicação também em primeira instância, lançou as condições à censura prévia derivada da autocensura.

O STF baixou a "tese", sentiu a reação da sociedade — e então correu o ministro Barroso a esclarecer, informalmente (evidência de decisão opaca), que o estabelecido seria somente para ocorrências de exceção, veiculações sob má-fé ou com "abuso de negligência"; omitido que, na hipótese de que houvesse algum, no mais das vezes não seria o bom senso do STF a julgar as denúncias contra o jornalismo.

Não há bom senso.

Sendo a "tese" para casos excepcionais, e sendo excepcional o próprio caso suscitador do julgamento, prudente seria que o tribunal — sem fixar norte para repercussão geral — apenas julgasse os casos quando concretamente surgissem. Caso a caso.

Não há prudência.

Aberta a porteira, quão arrombada poderá ser a interpretação jurídica — contra jornalistas que incomodem julgadores, amigos de julgadores e um ou outro "amigo do amigo do meu pai" — de "indício concreto de falsidade"?

Não há prudência, prevalecente a Corte Constitucional que aterrou o comedimento, aterrada também a poesia outrora erguida contra a censura prévia no Brasil. Não se chegou até aqui sem contribuições variadas desde o Supremo, a partir do espírito diretor dos inquéritos infinitos e onipresentes de Alexandre de Moraes.

E então — para iluminar — Cármen Lúcia. Que, em 20 de outubro de 2022, votou — enquanto dizia que "não se pode permitir a volta da censura sob qualquer argumento" — pela censura prévia. Julgava-se, no TSE, a suspensão da exibição de um documentário bolsonarista. Ela apoiou.

— Este é um caso específico e que estamos na iminência de termos o segundo turno das eleições. A proposta é a inibição até o dia 31 de outubro, exatamente o dia subsequente ao do segundo turno, para que não haja o comprometimento da lisura, da higidez, da segurança do processo eleitoral e dos direitos do eleitor.

Censura — chamou de "inibição" — com data para acabar.

— Medidas como essas, mesmo que em face de liminar, precisam ser tomadas como se fosse algo que pode ser veneno ou remédio.

Veneno ou remédio?

— Se, de qualquer forma, senhor presidente, isto se comprovar como desbordando para uma censura, deve ser imediatamente reformulada essa decisão no sentido de se acatar integralmente a Constituição e a garantia da liberdade.

Chancelava-se a censura preocupando-se com a produção de censura pelo ato de censurar. Com a advertência, por ministra de tribunal constitucional, de que, se a censura gerasse censura, rapidamente se corresse — admitido o meio acatamento à Constituição — para respeitar a Constituição.

Não se chegou até aqui de repente.

LIRÃO AUTOSSUFICIENTE

18/12/23

A Lei de Diretrizes Orçamentárias, conforme relatório aprovado na comissão mista, é categórica: o Parlamentarismo Orçamentário — fiador da autonomia pervertida do Congresso — vige no Brasil. Ponta de uma cadeia de disfunções que mina o arranjo entre Poderes e faz erodir o equilíbrio da República.

Governo desapetrechado, que faz acordo — ode à fragilidade — para ter ainda menos instrumentos de negociação. Congresso — o imperador Lira — governante, que extrai do Planalto pacto informal para que a nova fachada do orçamento secreto, a emenda de comissão, não seja contingenciada. (Para aprovar os projetos arrecadatórios de Haddad, ora, o compromisso por mais gastos de bloqueio interditado.) Corte Constitucional rebatedora, com sua deturpação proativa sendo açulada — para frear o Parlamento — pelo mesmo governo que cede à concentração de poder parlamentar.

Não virá para tanto — a ser líder de Lula no STF — o senador Flávio Dino? Mais um agente político no tribunal — zelador dos trânsitos antes de guardião da Constituição.

O efeito dominó agravador dos vícios institucionais. Governo fraco, desprovido de meios, que admite a fraqueza e a enfrenta apostando na doença. (Se o gênio xandônico não volta mais à lâmpada, que haja — é a pretensão — um Xandão para chamar de meu.) Congresso forte que concentra poder em poucos alcolumbres. Supremo convidado — provocado — a legislar sobre o legislado; a avançar sobre o legislado. O espírito do tempo é autoritário.

O Parlamento ganha musculatura — existência executiva informal — ao se ordenar gestor de fundos orçamentários cada vez maiores e menos dependentes dos controles de tempo do Executivo. Uma autodeterminação viciada — para a qual colaboraram sucessivos governos — que, esvaziando os termos da negociação política e depauperando o Planalto de turno, contribui para a hipertrofia do já mui expandido Supremo Tribunal Federal.

O volume obrigatório de emendas parlamentares crescentes e a manutenção, sob fachadas cambiantes, do sistema operacional — opaco e autoritário — do orçamento secreto definem a inexistência de base legislativa de apoio ao governo no Brasil. O ministro Alexandre Padilha e os líderes governistas no Congresso podem discursar sobre a formação da maioria que, afinal, aprovou a reforma tributária. É do jogo.

A verdade consistindo em o Lirão (antes houvesse um Centrão) apresentar — a cada votação de interesse — custo de administração pesado (e de carga progressiva) pela reunião episódica dos votos necessários; e para além dos necessários, aquela vitória robusta, com o que se demonstra força. Força de quem? O Parlamento, reduzido a seus poucos donos, que controla vultosos fundos orçamentários — restritos os mecanismos do governo para negociar com as liberações de emendas —, tem a independência corrompida, pois achacadora, de só formar as maiorias circunstanciais se com mais dinheiros e codevasfs.

Desmobilizadas as estruturas de lideranças partidárias, ademais grassando a impositividade (formal e informal) das emendas parlamentares, poder concentrado em Lira e seus elmares, a base é de apoio ao Lirão autossuficiente. (Arthur Lira é alguém que não se move senão para concentrar ainda mais poder em si.) Vitória de quem? Donde o governo — fraco para todo lado — a investir no STF como espécie de terceiro turno da atividade legislativa. Dino indicado a ser um facilitador-geral do Planalto no tribunal.

O senador, ministro de Estado, a ser ministro do Supremo, tem clareza sobre o que será, mesmo que deturpe — não estará sozinho — a natureza da função, incapaz de diferençar o que afirma discernir:

— Sei distinguir o que é o papel de um juiz e de um político. Se tiver a honra de receber a aprovação [estava em campanha no Senado], levarei comigo esse compromisso de ser um guardião e um facilitador do diálogo entre os poderes.

Mais um togado monocrata — comunista ou não — para mediar o ritmo dos interesses políticos a partir (em defesa) da agenda do governo. Repito: Dino foi indicado ao Supremo rebatedor para rebater — também internamente — pelo Planalto. Um desenvolvimento de Lewandowski. O STF compreendido como agência política e desejado como ente associado-aliado — atraído a ocupar espaços nos quais já atua com fluência.

Lula a convidar ministros do Supremo para confraternização (oi!?) em que — informa *O Globo* — se discutirá a relação com o Congresso. Isso não é normal.

Descreve-se aqui um conjunto de degradações — o sucateamento — da República, que força a pressão pelo sistema semipresidencialista. Em campanha também — muito à vontade para opinar sempre, perdido o comedimento — ministros do Supremo. Necessário sendo lembrar que o primeiro-ministro seria Lira. O cínico a advertir: mera formalização.

PAPAI NOEL DE PLANTÃO

26/12/23

Não sei como foi o seu Natal. O dos irmãos Batista, Joesley e Wesley, foi ótimo. Em 19 de dezembro, a Aneel aprovou o negócio por meio do qual a Âmbar, dos donos da J&F, será a intermediária na aquisição de energia venezuelana para Roraima.

O Brasil poderia ter feito a operação sem a iniciativa privada. Era o que se imaginava em curso, até duas reportagens, da *Folha* e da *Piauí*, informarem — em dezembro — o que o governo omitia ao menos desde março.

Ao menos desde março, a Âmbar tratava da compra com uma empresa privada venezuelana (de identidade desconhecida). Desde março porque foi o mês em que a companhia comunicou ao governo o início da negociação. Não se sabe por que o governo tratou sigilosamente a participação dos Batista no negócio.

Em maio, sem mencionar a empresa ou hipótese de intermediação, o ministro de Minas e Energia Alexandre Silveira anunciaria a pretensão de retomar a importação de energia da Venezuela. Lula e Maduro se reuniram e declararam a respeito. Em agosto, o presidente assinou decreto em que autorizava a compra. Em setembro, a Âmbar formalizou ao governo a sua proposta, aceita em outubro — e remetida à Aneel. Que a aprovou faz uma semana.

Tudo muito rápido. E a sair caro. Aprovado valor entre R$900 e R$1.080 por megawatt-hora, contra os R$137 que o Brasil pagava em 2019, quando suspendeu-se o fornecimento. Preço parecido com o que o ministro estimara em maio. A grana virá de fundo abastecido pelos consumidores — nós. A Âmbar comprará energia hidrelétrica como se pagasse por geração de térmica a óleo diesel. E gastará não muito menos do que os R$1.100 que o país ora paga pela energia termelétrica que abastece Roraima.

No mesmo 19 de dezembro, Lula — como se reunisse seus senadores — ofereceu um jantar aos ministros do Supremo. Compareceu Flávio Dino, a lhe ser líder na Corte. O convescote teve lugar na casa de Barroso, presidente do tribunal. Estava lá, com a esposa, Dias Toffoli; que, no dia seguinte, suspenderia a multa pactuada no acordo de leniência da J&F: R$10,3 bilhões, que tornam mixaria o R$1,7 bilhão a que poderá chegar o faturamento da Âmbar na importação desde a Venezuela.

O monocrata Dias Toffoli, hohoho!, decidiu sob a compreensão expandida — padrão xandônico — de sua relatoria na Operação Spoofing, por meio da qual se transformou num relator paralelo de casos da Lava Jato, agora também da Greenfield, no âmbito da qual o acordo de leniência foi feito.

É mesmo difícil entender o caminho — o trânsito e as ultrapassagens — que levou o ministro a se tornar esse relatorzão, o onipresente responsável no STF pelos casos empresariais graúdos, em que companhias defendidas pelas maiores bancas teriam firmado acordos sob tortura. A Spoofing pervertida em aplicadora dos efeitos anulantes derivados dos conluios da Lava Jato em Curitiba, visando alcançar e desqualificar os trabalhos do Ministério Público e da Justiça federais do Distrito Federal; que atuaram corretamente.

A petição inicial da J&F é assinada por um delator, que reconheceu os crimes praticados — e que teve as alegações tomadas como verdadeiras pelo ministro. Bastariam dois minutos de fact checking. A petição, que Dias Toffoli abrigou sem filtros, produz dallagnols imaginários e usa — esbanjando ilações que foram parar na decisão — a corrupção de meios da Lava Jato para acusar "abusos" na utilização de provas ilícitas (não mostra quais), como se fossem os procuradores de Curitiba os responsáveis pelo acordo.

Dias Toffoli como apontador de um lavajatismo paranaense universal, buscando estender suas anulações para além do trator que passou sobre as provas fornecidas no acordo da Odebrecht, conjunto em que é citado "o amigo do amigo do meu pai" — razão por que deveria ter se declarado impedido.

O que aplica agora é a lógica aterradora que usou no caso da empreiteira; e não terá sido à toa que a petição fantasiosa da J&F — aproveitando a maneira como o ministro faz a Spoofing invadir espaços de outras operações — foi encaminhada na trilha aberta pela declaração de imprestabilidade das provas contra a Odebrecht na Lava Jato.

Mencionei o grotesco jantar de Lula com ministros do Supremo — confraternização do presidente com seu terceiro turno parlamentar, expressão de uma cadeia de disfunções na República — e mencionei a presença da mulher de Dias Toffoli. Ela é advogada da J&F em outro processo no tribunal; e a própria Corte, grotescamente, já determinou que não há impedimento de juiz em casos assim.

Ocorre que a decisão de Dias Toffoli, mais do que apenas suspender a multa decorrente do acordo de leniência, hospeda e deixa acomodar a tese segundo a qual a opressão lavajatista teria forçado a J&F a também vender empresas, entre as quais a Eldorado Celulose. A mulher de Dias Toffoli trabalha para anular a venda da Eldorado.

UMA MENSAGEM DE OTIMISMO
29/12/23

O Congresso aprovou R$53 bilhões para emendas parlamentares no orçamento de 2024 — valor próximo ao que a Fazenda, não prevalecentes os puxadinhos, terá de bloquear no próximo ano, jornada em que o presunto do natimorto arcabouço fiscal será exposto, o compromisso com a meta zero tendo cumprido o papel de fantasiar uma regra que alivia o controle de despesas, garante aumento de gastos e pretende sobreviver via arrecadação exclusivamente.

A conta não fecha; daí Haddad a despejar, mal saído o Papai Noel, medida provisória por meio da qual promoverá justiça tributária limitando a compensação a quem pagara mais em decorrência de cobrança ilegal. A empresa tungada, na hora de usar créditos tributários para abater impostos, a receber uma espécie de tunga da tungada. Faz lembrar Guedes e o teto pedalador dos precatórios, contra o que — calote — a grita fora imensa. Como a democracia voltou, ora se faz justiça.

A conta não fechará. Também porque ninguém — o Judiciário e seus penduricalhos acima de todos — parece disposto a sacrificar o próprio orçamento. O Parlamento joga o jogo haddadiano e lhe aprova os projetos caça-níqueis, se esse for o caminho para que não faltem os dinheiros. (Até cassino, atividade ilegal, teve taxação — em sua versão on-line — aprovada.) Como — mesmo sob a criatividade petista — há limites para a multiplicação das receitas, o Congresso se blinda. Porque faltarão os dinheiros. Que não sejam os meus!

Os R$53 bilhões em emendas serão, na prática, impositivos. Divididos em porções de impositividade formais e informais. Os mais de R$16 bilhões para as emendas de comissão, que não têm distribuição obrigatória, serão obrigatoriamente disparados. Ou não terá a imprensa noticiado — sem que o Planalto contestasse — um acordo entre Lirão e governo para que sejam pagos à margem dos contingenciamentos?

É a impositividade informal. Que fundamenta a nova versão do orçamento secreto. Dezesseis bilhões de reais a serem, sob a fachada do comando das comissões, distribuídos opaca, autoritária e (agora) obrigatoriamente a aliados dos donos do Congresso: Lira, Alcolumbre e seus elmares e pachecos. No ano de eleições municipais.

E quem indica o comando das comissões? O Lirão concentrador de poder se blinda. Aprendeu com o ano que terminou.

Recapitule-se. Quando da formulação do orçamento de 2023 e da costura pela PEC da Transição, e em função de o Supremo haver interditado a perversão da emenda do relator, o futuro governo Lula e o Lirão permanente firmaram acordo pela continuidade do orçamento secreto, que, deslocando-se, teria como nova fachada os gastos discricionários dos ministérios. As granas, formalmente sob os cuidados das pastas, seriam — conforme repartido antes da intervenção do STF — propriedades dos parlamentares.

O governo destratou esse acordo o quanto pôde. Queria influir nas destinações. Sem sucesso. E se chegou a dezembro com Alexandre Padilha prestando conta aos chefes sobre quantos dinheiros lhes liberara e como soltaria os que faltavam. Foi nessa afobação — por aprovar as medidas arrecadatórias — que se pactuaria pela impositividade informal das emendas de comissão.

O Lirão, afinal, levou tudo. Não sem se expor ao ministrar paralisias à agenda governista. Razão por que também força pelo calendário de empenho para emendas. Quer secar o poder de o Executivo gerir ao menos o tempo de processamento das demandas. Vai que descumpre novamente o acordo...

O descasamento — a desconfiança — entre governo e Lirão tem boa medida no choque entre expectativas e o que se aprovou no orçamento. O Planalto gostaria que os parlamentares destinassem emendas para robustecer projetos do PAC. O Congresso chancelou texto que não apenas ignora esse desejo como robustece as emendas tomando bilhões do PAC. (Descasados orçamentariamente, casam-se na confiança em como o Supremo decidirá sobre a Lei das Estatais, a saber, se o senador Dino, a ser líder do governo na Corte Constitucional, cumprirá a profecia de encarnar o desenvolvimento de Lewandowski.)

Dezesseis bilhões sob a fachada das emendas de comissão. Pense-se nos quase R$5 bilhões definidos para o fundo eleitoral e estime-se o potencial de valor triplamente maior para financiamento paralelo das campanhas do Lirão Brasil adentro.

Gleisi Hoffmann, presidente do PT, sacou. Donde o ataque à distorção gerada pelo parlamentarismo orçamentário. Menos por valores conceituais, de defesa do equilíbrio da República, e mais por preocupações objetivas; com essa espécie raríssima de aliados, que ganha ministérios, codevasfs e caixas sem formar base de apoio confiável no Congresso, e que — quase imune aos mecanismos de fiscalização — disporá de bilhões para remeter, ao gosto alcolúmbrico, a suas pontas.

Será surra nas urnas, surrada — sem precedentes até para os padrões deste país — a qualidade do gasto público.

PARTE 8

CRÍTICA CONSTRUTIVA, MINISTRO
8/1/24

Alexandre de Moraes deu entrevista ao *Globo*. Um ano do 8 de janeiro. Documento já histórico, em que justifica o afastamento de governador com o argumento de "evitar que pudesse ocorrer algo extremista em outros estados, eventualmente outro governador apoiar movimento golpista".

Ibaneis Rocha, eleito, afastado para dar exemplo, para que, o Supremo monocrata se antecipando a pretenso "efeito dominó", nenhum outro governante se animasse. E tudo bem. Pela democracia, à margem do Direito.

Não ornará, não em linguagem compatível com a República, um arranjo em que, para desmontar o *7 de setembro permanente* de Bolsonaro, prospere este *estado de vigília* que, sob a inatacável defesa das instituições democráticas, legitime medidas de exceção e interdite o debate público — a ser fascista, trabalhando pela volta do capeta, aquele que criticar o governo Lula e as extravagâncias xandônicas.

Este *estado de vigília pela democracia* — por meio do qual se fala em volta à normalidade — é encarnado pelo inquérito das fake news, infinito e onipresente; aquele que, de acordo com Moraes, "vai ser concluído quando terminar". O gênio não voltará mais à lâmpada. Voltará a normalidade? (Já há PGR.)

O omisso (na melhor hipótese para si) Ibaneis, investigado, ainda não foi denunciado. A ver se eventual denúncia virá em termos aceitáveis ao Direito.

Aceitáveis ao Direito também deveriam ser as respostas do ministro às críticas de que haveria presos sofrendo abusos.

— Nenhum desses golpistas defende que alguém que furtou um notebook não possa ser preso. E eles, que atentaram contra a democracia, não podem? Os presos são de classe média, principalmente do interior, e acham que a prisão é só para os pobres. A Justiça tem que ser igual para todos.

Em dezembro, à *Folha*, formulara na mesma linha:

— Essas que hoje criticam o sistema penitenciário nunca se preocupam com os 700 mil presos brasileiros. Enquanto não havia gente ligada a essas pessoas, principalmente uma classe média do interior dos vários estados, elas tinham bordões, eu diria, fascistas em relação àqueles que cometiam crimes.

Um ministro do STF sabe — não poderia argumentar para outro norte — que o Estado de Direito assegura garantias até a quem ignora ou ataca seus princípios básicos. E deveria responder com Direito — não com a flexibilização do Estado de

Direito para justiçar quem despreza o Estado de Direito — aos que questionam sobre violação do juiz natural, prisões preventivas alongadas e julgamentos à baciada, sem individualização de condutas, uns poucos julgados em plenário, com debates e transmissão pela TV, a grande maioria de maneira virtual.

É belicoso que reaja a discordâncias sobre o alcance universal de sua caneta na forma como fez à GloboNews:

— Quem decide o foro? Quem decide se é competência ou não do STF? O STF.

Essa onipotência sobre os miúdos deveria aparecer no tratamento aos golpistas graduados. Onde estão os militares? Os que ordenaram aquele cordão de isolamento em proteção aos depredadores que fugiram para o acampamento à porta do QG do Exército? Há análises segundo as quais a reação judicial — pelas mãos de Moraes — consistiria no encontro tardio do Brasil com o enfrentamento, sem anistias, de suas mazelas autoritárias. No mundo real: arma-se a tradicional acomodação com as Forças Armadas.

A onipotência — "não há limite" sobre até onde a investigação chegará — autoriza supor que o ministro seja também onisciente. Se esteve à vontade para informar sobre planos que objetivariam matá-lo, algo gravíssimo, é certo que saiba quem os planejou — certo sendo, aí sim, que estivessem presos. Por muito menos, já impôs prisões preventivas.

Esse episódio mereceria esclarecimentos. Até porque, após discriminar os três planos contra si, fala em "tentativa de planejamento". Plano ou tentativa de planejamento, graus de gravidade à parte: um ano depois, tendo o ministro falado abertamente a respeito, não poderia haver senão certeza de que os investigadores já reuniram — para além de troca de mensagens — elementos suficientes para agir.

Não é o que parece. Ao menos com base no que o diretor-geral da PF declarou à GloboNews:

— A partir dessas mensagens, a gente tem a possibilidade de identificação dos responsáveis.

Ainda não foram identificados? Será maledicente a impressão de que o delegado acabara de tomar conhecimento do assunto?

Ele diz que já sabia:

— Isso são informações extraídas de troca de mensagens, das prisões, de todo o trabalho que está sendo feito.

Certo. Ninguém poderia acreditar que o ministro fosse falar sobre planos — ou tentativas de planejamento — para matá-lo, urdidos e existentes apenas no zap zap.

REFINARIA DA HISTÓRIA

22/1/24

Se há uma campanha de reescritura da história recente da bandalheira no país, em curso um movimento pela reabilitação de agentes corruptos, natural será que se tente limpar também os objetos da corrupção. Donde o discurso fraudador sobre a refinaria de Abreu e Lima, exemplo de "volta por cima".

O Brasil que volta consistindo também naquele que nada aprendeu. O crítico já acusado de fascista a favor da reencarnação do capeta. A adulteração do passado protegida — beneficiada, acelerada — por este *8 de janeiro permanente*; estado de vigília que, em defesa da democracia, autoriza variadas modalidades de autoritarismo virtuoso e tolera a imposição da história deturpada.

E então: o petrolão foi armação. Envolvido no complô o Departamento de Justiça dos EUA, que não desejaria uma Petrobras pujante.

Blitz refazedora do passado a se estender — potencialmente — até as piratarias do mensalão. Por que não? O bolsoportunista Valdemar Costa Neto, outrora sócio do lulopetismo, já farejou o possível alcance regenerativo das distorções sobre a verdade. Elogiou o presidente como gancho para atacar Moro, o corrompimento da Lava Jato tendo o condão de desmontar o combate à corrupção e reabilitar biografias retroativamente. Injustiçado também ele, Valdemar. Por que não? Às favas o fato de que condenado antes da existência da operação.

Abreu e Lima estava condenada — por incompetência, por derivar de opção ideológica, superfície ofertada, de partida, à roubalheira — antes da existência da Lava Jato e da corrupção de meios praticada por seus operadores. A operação — é necessário dizer o óbvio — sendo resposta à pilhagem estabelecida e difundida a partir da Petrobras. A debacle da petroleira a ser resumida no prejuízo da ordem de R$100 bilhões entre — atenção — 2011 e 2014, ano do início da Lava Jato.

A refinaria, em 2005, era orçada em cerca de US$2,5 bilhões e deveria estar concluída em 2011. Em 2015, quando interrompida (a Lava Jato a completar um ano), custara quase US$19 bilhões e ainda estava longe de pronta. E como começou?

Lula, cansado "de esperar" pelo dinheiro do sócio prometido, o ditador Chávez, resolveu "tocar a refinaria". "Graças a Deus" o fez — pela metade e superfaturada — por conta própria; assim como diria alguém que decide, no peito, no amor, promover churrasco em casa mesmo faltando o amigo que se comprometera a bancar metade da picanha.

— E seguiremos tocando as obras com nossos erros e acertos.

A concepção de "acertos" será a que nos fará repetir os erros. Seria importante que o presidente explicitasse o que considera "erros".

Em 2009, auditoria interna da Petrobras concluíra que a construção de Abreu e Lima fora iniciada com os dirigentes da petroleira já sabedores de que daria prejuízo de US$ 2 bilhões. Preferiu-se maquiar a realidade e meter bronca.

A versão que se quer impor à verdade, por influente que seja, é incapaz de resistir ao mais simples exame cronológico dos fatos: a Petrobras pujante de Lula não parava de pé, com ou sem Lava Jato, e o crescimento do país fora minado — esgotada, dilapidada, a companhia — pelas escolhas dos governos petistas.

O ambiente que se considera polarizado, certamente radicalizado, em que tudo é tomado sob filtros ideológicos, interdita a observação nuançada e inviabiliza a coexistência de desgraças. Coexistem. Tanto o conluio lavajatista, a corrupção de meios da Lava Jato, quanto o esquema de assalto à Petrobras, o petrolão. Coexistem. O sem precedentes do segundo provocando a deflagração do primeiro. Os desvios da operação não tornando inexistentes os desvios de dinheiros públicos.

O cronista aprendeu com os desmandos da Lava Jato, daí que em alerta ante os inquéritos xandônicos. É preciso aprender. A Lei das Estatais, por exemplo, foi criada em resposta à rapinagem contra a Petrobras. Não à toa, a articulação corrente por aterrar o seu dispositivo que determina restrições a agentes político-partidários na direção de estatais.

Esse episódio faz lembrar como a petroleira era permeável aos comandos de parlamentares. O deputado José Janene — por Abreu e Lima — negociava com executivos da Odebrecht; empresa que, depois de ter as provas de seu acordo de leniência anuladas, pleiteará a suspensão das multas. Capítulo em que também se vai reescrevendo a história: os empreiteiros, defendidos pelas maiores bancas do mundo, tendo delatado sob o "pau de arara do século XXI".

Janene era do PP, hoje Progressistas — partido base do Lirão. A história fraudada criando as condições para a repetição da história.

FUNDO DE MARINHA MERCADANTE
29/1/24

Aloizio Mercadante deu a letra:

— Precisamos fazer navio. Já fizemos. Temos tecnologia e também temos erros cometidos para aprender e corrigir.

Temos — acrescento — R$2 bilhões, sempre (aprenda-se) um valor de partida, para financiar mais um polo naval brasileiro. Seria o caso de o presidente do BNDES citar os "erros cometidos" e explicar o aprendizado. "Já fizemos." Não deu certo. Mesmo tendo a tecnologia, afundou. Quais os erros?

Temos também a tecnologia da corrupção — o conteúdo nacional competitivo internacionalmente, ao qual se somaria, ora em plena operação, um programa de apagamento-refazimento da memória. Tecnologia de ponta. O petrolão não existiu. Nem o mensalão. Os delatores empreiteiros todos, os desassistidos, falando porque torturados pelo "pau de arara do século XXI".

Temos R$2bilhões — teremos muito mais, se o homem quiser — e a tecnologia. Tínhamos dinheiro (o Fundo de Marinha Mercante é de 1958) e a tecnologia noutras ocasiões. Reservamos mercado. Fizemos navio. Foi a pique. Quais os erros? As correções? Sem essas respostas, fazer navio será reinvestir no vício: maior ou muito maior a corrupção, bolsa-fortuna para empresários não competitivos, desemprego e uma tunga a ser paga pela União.

Quais os erros?

Decerto Mercadante não se referiu — não somente — aos estímulos à indústria naval sob Costa e Silva e Geisel e à ruína decorrente. Em 2003, o empreendimento estatal do passado — ignorado o seu fracasso — foi referência para Lula fundar e difundir o seu Brasil Grande. Atualizada aquela política, metida a Petrobras na parada, deu na Sete Brasil. Autorizado o cronista a esperar pela Oito Brasil. É o destino.

Ante o medo da desaceleração da economia, o destino. O poder público — finte-se, pedale-se, o orçamento — a correr para ofertar, conforme Lula, "algo concreto para a sociedade aprovar". Um país que não aprende. Que tem erros com os quais aprender — e que não se corrige. Que se repete.

Guido Mantega na Vale — no comando da Vale — é só a corda esticada. Nunca foi nem mesmo pequena a chance de que prosperasse. Mantega na Vale, a campanha, é Lula informando que influirá — que pressionará por influir — na companhia, entre cujos acionistas está a Previ (8%). Informados nós de que o presidente nada aprendeu com as consequências da manipulação política de fundos de pensão.

(A Vale é nossa! Enquanto isso, entrega-se a Caixa — porteira fechada — aos patriotas do Lirão.)

Não desfaço do que o texto expressa à margem: Mantega na Vale, impossibilidade prática, compõe, via esforço por reabilitar agente importante do petismo injustiçado, o processo de reescritura da história — também o ex-ministro da Fazenda de Lula e Dilma a ser vítima da mancomunação, o pobre. Haverá um lugar para ele na história segundo a qual — inexistente a combinação entre incompetência e corrupção — a refinaria de Abreu e Lima foi a materialização de um conluio contra o porvir do Brasil soberano.

Mantega, também ex-presidente do BNDES, é a personificação do que se chamou de Nova Matriz Econômica. Reabilitá-lo faz sentido — faz justiça, é urgência — quando se lê o documento que apresenta o programa Nova Indústria Brasil.

A nova política industrial brasileira é velha. Sem metas, donde esvaziada de parâmetros para cobrança e revisão. Paraíso para o lobby. O BNDES a financiar rico ineficiente. De novo. Este a ser — a continuar sendo — o trânsito dos estímulos à industrialização brasileira: transferir renda concentradamente para quem já é privilegiado e entrega pouco à sociedade. O governo Lula a colocar Fiesp e CNI no orçamento.

Serão R$300 bilhões, dos quais R$250 bilhões para financiamentos e subsídios por meio do BNDES. Conta — aprenda-se — a se multiplicar. A ser — cedo ou tarde — do Tesouro. (A ser ainda mais do Tesouro.) Porque a experiência já nos ensinou sobre quem paga o prejuízo. Ensinou também que a indução artificial do crescimento produz voos de galinha e, aí para efeitos duradouros, sufoca a economia com o aumento da dívida pública — mais caro o crédito àqueles não escolhidos para "campeão nacional". Não aprendemos.

O presidente da República deu a senha:

— O nosso problema era dinheiro. Se dinheiro não é problema, então nós temos que resolver as coisas com muito mais facilidade.

Brasil não é EUA. Com o déficit primário que tem e cultiva, natimorto o arcabouço fiscal (o presunto a ser logo avistado, ao baixar da maré), dinheiro sendo o problema, "com muito mais facilidade" o navio adernará. Glória da nossa marinha mercadante. Avante!

DIAS TOFFOLI DESCE A LADEIRA

5/2/24

Nao haverá precedentes ao grau de ingenuidade de quem acreditar que J&F e Odebrecht voltarão a pagar as multas conforme contratado em seus acordos de leniência. A inexistência de prazo para as revisões não deixa dúvida. A suspensão é anistia. No horizonte próximo: a anistia geral.

(E será o caso de perguntar por onde vai a indignação de Fernando Haddad ante decisão judicial que lhe derrubou a arrecadação. Já se mobiliza a Advocacia-Geral da União?)

Dias Toffoli, monocrata de causas CNPJ, anistiou as empresas, retirada a grade — não a que protegia o STF depois do 8 de janeiro — para que outras vítimas do "pau de arara do século XXI", oprimidos como Emílio Odebrecht, reivindiquem a formalização do pagamento interrompido. A Odebrecht pediu em janeiro. Levaria em fevereiro. A J&F levara em dezembro.

(E será o caso de ainda tentar entender — hein, ministro Fachin? — de que forma, exotismo regimental assegurado, Dias Toffoli se tornou relator da Spoofing, desde onde se expandiria, aplicando os efeitos anulantes extraídos de um lavajatismo curitibano universal, como relatorzão capaz de decidir, institucionalizado o uso de diálogos obtidos ilegalmente, até na Greenfield.)

O cronista escreveu "formalização do pagamento interrompido" porque várias empreiteiras já tinham deixado de pagar as multas. Isso mesmo. Simplesmente pararam. Antes de qualquer decisão que as autorizasse e ainda longe de haver desembolsado valor próximo do estabelecido. Pararam de pagar e — arrombada a porta a partir da decretação de nulidade das provas geradas no acordo da Odebrecht — passaram a pleitear-esperar a revisão do pactuado. Nada lhes ocorreu pelo descumprimento.

(E será o caso de perguntar por onde iria a responsabilidade fiscalizadora da Controladoria-Geral da União, o ministro mui preocupado em questionar as métricas de percepção para índices de corrupção. Já se mobilizou a CGU para impor sanções às empreiteiras que desrespeitaram acordos firmados junto à CGU? E — de novo — cadê a AGU? Ambas respondem à Presidência da República.)

Nada ocorreu — punição nenhuma — às empresas, senão o estímulo a que avançassem, não muito distante o dia em que a União deverá ressarcir esses pobres torturados, expostas as maiores bancas advocatícias do mundo à vergonha de terem permitido que seus clientes fossem submetidos a sevícias; em meio às quais há mesmo registro, em vídeo, de delator gargalhando.

(E será o caso, inclusive em defesa da honra dos ministros Teori Zavascki e Cármen Lúcia, de investigar se, tendo havido armação, o Supremo Tribunal Federal — a quem coube supervisionar-chancelar a legalidade dos acordos — teria deixado passar-prosperar o conluio torturante. Já se manifestou o presidente da Corte? Quando o plenário cuidará desses monocratismos expandidos sob padrão xandônico? Cadê o novo Aras?)

Não sendo maledicente o cronista, registre-se uma coincidência: esses pedidos de revisão dos acordos de leniência pelas empreiteiras foram acelerados com a volta da democracia e o raiar de 2023. A demanda da Odebrecht é de outubro último, quando também pararia de pagar as multas, pouco mais de mês depois da decisão de Dias Toffoli — de setembro — decretando a nulidade das provas derivadas do acordo da empresa.

(Lembro que o ministro, a própria encarnação do impedimento, jamais poderia julgar matéria relativa à empreiteira na Lava Jato, sendo ele, no conjunto de provas que aterrou, o "amigo do amigo do meu pai" — segundo Marcelo Odebrecht.)

Repita-se: não há prazo para as revisões dos acordos e — acresça-se — são opacos os termos das negociações. Assim, o bloco da reescritura da história sobe a ladeira, a corrupção de meios entre juiz e procuradores da Lava Jato produzindo a inexistência do petrolão, universo em que a bandalheira em Abreu e Lima seria invenção estadunidense contra a soberania do Brasil. O cortejo desce a ladeira: provas anuladas, revisões autorizadas, pagamentos suspensos... A ninguém ocorreu pedir o cancelamento dos acordos de leniência?

Se tantas as barbaridades cometidas pelo Estado contra as empresas, com tortura, com tudo, por que estão ainda válidos os contratos? São — comunicam as decisões de Dias Toffoli — insustentáveis.

Por que não se demanda o cancelamento?

Porque ninguém quer. (Porque houve admissão de crimes e acordos firmados também com autoridades estrangeiras; e mexer com países sérios acarretaria outra modalidade de consequência.) Acomodados — contemplados — todos na revisão eterna, limbo em que, livres das obrigações, as empresas mantêm os benefícios.

ASSOCIAÇÃO CRIMINOSA
19/2/24

Perde-se muito tempo com a já famosa — mais uma infame — reunião ministerial de 5 de julho de 2022. Aquela em que a turma do general Heleno, numa (mais uma) peleja por se provar o autoritário mais sabujo da desinformação bolsonarista, fez carga para que colegas menos engajados se lançassem à campanha contra o sistema eleitoral.

(Há preocupações legítimas sobre a segurança do sistema de votação eletrônico. A fiscalização a respeito deve ser rigorosa; os críticos tendo a segurança de que seus apontamentos não serão criminalizados na vala antidemocrática. O encastelado TSE já foi arrogante ao responder a questionamentos válidos. O bolsonarismo, no entanto, opera — existe e se desenvolve — na instrumentalização oportunista das dúvidas honestas; agente de assalto em tudo quanto possa minar as expressões de concretude da República. Tampouco à toa o investimento contra a credibilidade do sistema vacinal brasileiro. São manifestações práticas da "coisa pública"; da amplitude da "coisa pública", donde inimigas.)

Jair Bolsonaro, cercado de braga nettos, nunca esteve sozinho. Qual a surpresa, sendo um Anderson Torres o ministro da Justiça? Digerida a materialidade de ver/ouvir aqueles discursos cafajestes, o que haveria de surpreendente ali?

Os que acreditaram no comedimento do general Paulo Sérgio, então ministro da Defesa, fizeram-no à margem do que a realidade expunha: a do comandante do Exército que permitira a Pazuello, militar da ativa, participar numa daquelas motociatas. Permissão — acolhimento — que equivaleu a tocar o apito que libertaria os kids pretos habitantes da caserna profunda. À margem do que a realidade expunha: a do designado ao Ministério da Defesa, coincidentemente, quando da infiltração desestabilizadora —, não sem alertas, né, ministro Barroso? — na comissão de transparência do TSE.

A reunião fez desfilar variações sobre o desejo de "virar a mesa" antes das eleições, algo que — se pensarmos nos termos de um processo de evolução do delito, do que seria o caminho do crime — fica no plano da cogitação, no âmbito intelectual, daí que não punível.

A coisa mudará de figura se o centro da análise for o conjunto de encontros, havidos no Alvorada, entre 7 e 9 de dezembro de 2022. Ali está, organizada, com divisão de tarefas e definição de objetivos, a gravidade tipificável. Aquele período em que, segundo a delação de Mauro Cid, uma minuta golpista foi apresentada ao ministro da Defesa (olha ele aí!) e aos comandos de Exército e Marinha, texto depois editado sob pedido do presidente da República e reapresentado — para a adesão de ao menos um general com acesso a tropas.

(O chefe do Exército esteve presente na primeira reunião, depois foi informado sobre os ajustes "atenuantes" na minuta, pressionado pelo coronel Cid a encampar o decreto — o que não fez. Outros o fizeram. Como, por comparação, os critérios do que seja um "legalista" vão frouxos, talvez até passe por herói, mesmo não tendo denunciado a conspiração. Graças a condutas como a do anuente comandante da Marinha, entrará no time do general Fernando Azevedo e Silva, outro salvador da pátria, aquele exótico tipo de moderado que dá rasante, em aeronave militar, numa manifestação contra o Supremo.)

As reuniões entre os dias 7 e 9 de dezembro, conforme delação de Cid corroborada por dados de registros de celulares e de entrada e saída do palácio, documentam uma sucessão de etapas, de ações de planejamento, que, com a atividade de Bolsonaro, configuraria a formação de associação criminosa. Artigo 288 do Código Penal. O estabelecimento de associação criminosa — numa ameaça à sociedade — consistindo em ato preparatório que, exceção à regra, seria crime consumado.

A leitura da decisão de Alexandre de Moraes que autorizou a operação policial do último dia 8 de fevereiro deixa claro que o ministro avança por esse caminho. Ao que somará a tentativa de abolição do Estado Democrático de Direito, ainda não desqualificado esse crime pela forma como os inquéritos xandônicos, infinitos e onipresentes, estendem autoritariamente seu alcance. (É preciso ter aprendido com a corrupção do devido processo legal pela Lava Jato.)

Alvo ele mesmo, Moraes, semana depois daquelas reuniões de monitoramento pela organização criminosa — o que poderia ser enquadrado como movimento por impedir ou restringir o exercício de um poder constitucional. Monitorado para, assinado o decreto, ser preso. Nada a ver com a mobilização do aparato estatal, pelo tribunal constitucional, contra uma família por crime — injúria real — de menor potencial ofensivo.

VESTIU A TOGA E FOI À MISSA

26/2/24

Não houve festa. Não daquelas, pagas por associações de magistrados, em que o empossado canta para empresário que tem pendências no Supremo. Flávio Dino vestiu a toga e foi à missa.

Posse discreta; não livre — Deus sempre vendo — de prévia reunião vip. Modalidade de folia *petit comité*. Há imagens. Daniela Lima, da GloboNews, documentou. Numa sala contígua ao plenário, ministros em rodinhas com enrolados cujo foro é o STF.

Posse discreta e concorrida, não convidado o comedimento, ausente a impessoalidade, barrada a prudência.

Estava lá, num dos bolinhos, sorridente, com o sorridente imperador do Senado Davi Alcolumbre, o ministro Juscelino Filho, deputado pelo Maranhão, cujas remessas de emendas a municípios do estado estão sob investigação. O maranhense Dino — ex-colega de ministério do investigado — é o relator. Declarar-se-á impedido?

Não serão poucos os impedimentos no horizonte, se o novo ministro afinal não for aquele que, em campanha pela cadeira, firmou o "compromisso de ser um guardião e um facilitador do diálogo entre os Poderes". (Sendo a função — essa guarda desviada — já mui exercida no STF, a declaração também comunicava que a concorrência se acirraria.)

O cronista, folião pecador, falou em farra e se lembrou do carnaval: o presidente do Supremo malandreando na Sapucaí; passarela em que o Estado Democrático de Direito abriu alas a que anísios e outros capitães — não raro com demandas na Corte — expressassem-exibissem seus impérios. E Barroso ali, todo trabalhado no linho, soltinho e exposto. Expondo-se. Carteirada que nem a irresistibilidade do Salgueiro na avenida justificaria.

(Sugestão de enredo para a Unidos de Padre Miguel, a de Celsinho da Vila Vintém, que voltará — muitas décadas depois — ao Grupo Especial: "Salvando a democracia adoidado".)

Da fala do presidente do STF — um de nossos salvadores — na posse de Dino, outro herói salvador:

— A vida é dura, mas é boa, porque nos dá o privilégio de servir ao país, sem nenhum outro interesse que não seja o de fazer um Brasil melhor e maior.

A vida boa oferece muitos privilégios, não raro ofertados por quem — à custa de vidas duras — se serve do Brasil e tem interesse em fazer do país patrimônio privado ainda melhor e maior.

(Num camarote privado, Nunes Marques — egresso dos abadás de Salvador — viu os desfiles de segunda-feira, dia em que passou o buliçoso caju da Mocidade Independente, a escola sob patronato de Rogério de Andrade, de cujo processo no Supremo o ministro é relator e cuja prisão preventiva revogara em 2022.)

Dino não irá à Sapucaí. A posse austera comunica um perfil. A questão sendo se deixará de ser agente político, a avenida indo até ele. Há respostas na forma como se comportou desde que chancelado pelo Senado, em dezembro. Em vez de uma quarentena informal, desligando-se do Ministério da Justiça e da atividade política, escolheu participar-influir na transição para Ricardo Lewandowski e ainda voltar — e apresentar projetos — ao Parlamento; de onde saiu para pegar o Supremo no dia seguinte.

Tudo indica que estreará em ação que tem seu ex-partido como parte. Questionamento sobre mudança na regra para distribuição das chamadas sobras eleitorais. O resultado podendo alterar a composição da Câmara e beneficiar o PSB. Declarar-se-á impedido?

Se o cronista gostasse de apostas e tivesse tostão para apostar, casaria que Dino, senador eterno, será — anomalia natural (o oximoro se impõe) numa Corte Constitucional que se dilata sobre a República — ministro-líder do governo no Supremo. O tribunal há muito à vontade para ser (já é) o terceiro turno parlamentar. E então Dino. Uma escolha pelo — um investimento no — vício. Pós-Lewandowski, um Xandão para Lula chamar de seu.

A tese da liderança do novo ministro pela agenda do governo será testada quando o STF voltar a examinar a liminar — de, ora, Lewandowski — que enterrou a Lei das Estatais. O Planalto o tem na conta do advento decisivo para — esculhambado o desejo do legislador — assegurar a formação de maioria em prol do aparelhamento político-partidário de companhias estatais. Declarar-se-á impedido?

Registre-se, do pós-missa, a compreensão de Dino sobre a função do STF, alargamento que é produto de um tipo de dependência da virtude (já deve haver até um mercado) de salvar a democracia:

— O Supremo tem esse grande papel de controle sobre os outros Poderes (...).

O controle exercido pelo STF é o de constitucionalidade, a partir do que determina a Constituição, daí derivando a contenção — de modo estrito — sobre outros Poderes. É uma obviedade. Sim. Que não impede nem sequer constrange — aumentada doravante a concorrência — a expansão das abordagens xandônicas.

ANDRÉ MENDONÇA VERSUS DIAS TOFFOLI

5/3/24

A ver ainda se André Mendonça terá mesmo trazido pegada divergente à forma terrivelmente *diastoffólica* como o Supremo tem tratado o conjunto de acordos de leniência firmados por empresas que admitiram a constituição de uma máquina cartelizada para corromper agentes do Estado em troca de contratos vantajosos.

Seu primeiro movimento mereceria mais atenção. No âmbito de uma Arguição de Descumprimento de Preceito Fundamental que questiona a voluntariedade desses acordos, ao autorizar que as companhias não paguem as multas por sessenta dias, o ministro riscou no chão limites não somente temporais.

Dois meses no curso dos quais estarão habilitadas as partes, órgãos de controle entre elas, a discutir a possibilidade de renegociar os termos que resultaram na definição das multas e suas condições de pagamento. Prazo para que se tente — alcance estrito — encontrar um caminho para a renegociação das bases. Sem entrar no mérito. Sem "revisionismos históricos". A corrupção houve. Os acordos, voluntários, valem. Prazo ao fim do qual não será obrigatório haver entendimentos.

Repita-se: alcance estrito. Para limitar — atenção — não apenas as pretensões das empresas.

Faço essa introdução porque li-ouvi que o ato de Mendonça fortaleceria a posição de Dias Toffoli. É o contrário.

Mendonça enfraquece — talvez esvazie — o colega, cujo castelo anulador-geral se ergue com a areia de que os acordos, daí também as delações, seriam produtos de coação do Estado. Os empresários falando e as empresas assinando acordos porque sob opressão. Esse exótico "estado de coisas inconstitucional", forjado pela transformação de tudo em Lava Jato, sendo o próprio guarda-chuva sob o qual o "Moro do bem" faz caber o que quiser.

Não à toa, no início da audiência de conciliação, Mendonça perguntou aos representantes das companhias se haviam firmado os acordos sob coação. As respostas variaram entre a negação — não houve coerção — e o sambarilove das evasivas enroladoras. Afinal, ninguém se apresentou como assinante de acordo de leniência sob pressão; senão a pressão própria a quem, tendo delinquido, precisa arcar com suas responsabilidades e, ainda podendo negociar, não terá as mesmas margens de empresas que trabalham corretamente.

Não tendo havido coação, sobra nada do que alicerçara as decisões de Dias Toffoli. Se não houve coação, cai-lhe a tese — que tomou da J&F sem muitos filtros. Sem coação, vigentes os acordos, murcha-se Dias Toffoli; e o que avança é a rediscussão, legítima, do valor das multas e das modalidades de pagamento. (A ver também se a própria natureza da ação relatada por Mendonça, uma ADPF, não terá o condão formal de atrair o que vai sob o monocratismo, padrão xandônico, de Dias Toffoli.)

O andamento dado por Mendonça se dá no mundo real, em que houve os esquemas de corrupção e em que, feitos os acordos, admite-se renegociar multas. Dias Toffoli, operando o "fator coação", transita no mundo paralelo — e mui influente — da reescritura da História; da qual a suspensão (o enterro, já que sem prazos) das multas (bem-vindas pelas empresas) será mera consequência. O centro de suas decisões estando na anulação — aberta, arrombada, a porteira — de todas as provas produzidas como consequência do acordo da Odebrecht, inclusive aquela em que é citado, o "amigo do amigo do meu pai".

Dias Toffoli, sob a tese do lavajatismo universal, constituiu-se em juiz onipresente para toda a causa empresarial relativa a acordos de leniência, cuidando até de acordos firmados na Greenfield, no Distrito Federal, nada tendo com os dallagnols de Curitiba. Não! Tudo Lava Jato — avoca-se. Tudo feito sob tortura. Tudo à margem do devido processo legal. Tudo comigo. Tudo meu. Tudo para o lixo. Tudo a alimentar o esforço para que a corrupção no período lulopetista tenha sido farsa criada por conluio internacional contra a soberania do Brasil e o destino glorioso do país.

Circunscrita ao campo das multas renegociáveis, a abordagem de André Mendonça, pelo menos até aqui, levanta algumas bordas para contenção. Válidos os acordos, feitos sem coação, e tendo as empresas corrompido, sendo devedoras e com dificuldades para pagar, que se sentem à mesa com os órgãos de controle — e argumentem pela revisão das dívidas.

Atrapalhada a fixação da tese do "pau de arara do século XXI", conforme fantasia desrespeitosa de Dias Toffoli, retardado o contágio anulante-geral a partir da anulação das provas no caso Odebrecht, um tiquinho mais exposta — não que alguém se constranja — a campanha pela inexistência de corrupção durante os governos petistas.

COMISSÃO DE EDUCAÇÃO VIROU XEPA

12/3/24

As emendas de comissão foram preparadas para ser — neste ano eleitoral — o novo abrigo (nova fachada) à dinâmica autoritária do orçamento secreto; que nunca acabou e que, mantido o núcleo duro de sua operação, vai se adaptando, de rubrica em rubrica, à natureza da superfície em que se desenrola. Com o aval do governo Lula e o despercebimento do STF — Corte Constitucional cuja onipresença proativa tornou fútil o controle de constitucionalidade.

Não importa se afinal reunindo (o veto do presidente posto na pista para negócio) R$16 bilhões ou R$11 bilhões. Ali, nas emendas de comissão, constituiu-se um fundo eleitoral paralelo; não à toa a carga — e o pacto informal entre Planalto e Parlamento — pela liberação das verbas até junho.

Para que se estime o potencial da cousa, o fundo eleitoral oficial aprovado terá menos de R$5 bilhões.

Desnecessário, doravante, explicar a importância extraordinária-estratégica de controlar as comissões mais bem dotadas. Ter poder sobre parte desses recursos é garantir competitividade — e se blindar contra os adversários. E o adversário do governo na Câmara, hoje, não é o bolsonarismo de Nikolas Ferreira. É o Lirão dominador do orçamento.

Foi em função da grana, do acesso aos dinheiros, que se batalhou a distribuição dos comandos dos colegiados. Esse é o jogo grande; aquele em que o PL bolsonarista, por robusta e barulhenta que lhe seja a bancada, não tem lugar.

A Comissão de Educação (apenas R$180 milhões para emendas) foi tornada xepa, só por isso ficou com Nikolas Ferreira. O resto é fita para afetar indignação.

Leu-se por aí variações sobre esta manchete: "Base tenta conter danos após revés em comissões." Que base? O governo Lula não dispõe do que apregoa. Está aí o União Brasil, uma confederação de patrimonialismos e outros oportunistas, com seus bivares em guerra, para exemplificar impossibilidade e inexistência. A base governista — aquela, modesta, com que se pode contar sempre — sendo composta por parlamentares de PDT, PSB e, quase sempre, PSOL, afora os do PT.

E então o "revés" — a eleição de bolsonaristas para o comando das comissões de Educação e de Constituição e Justiça — cujos "danos" se tentaria "conter". Que revés? Um que é produto de acordo? O governo Lula fez acordo, donde escolha. O

PT, segunda maior bancada, poderia ter pegado a Comissão de Educação — e, pois, não haveria Nikolas Ferreira. Não quis. (Daí Nikolas Ferreira, o "dano".)

Preferiu a de Saúde, bilionária em emendas parlamentares (R$4,5 bilhões), para se proteger — para proteger o governo — contra o Lirão, interessadíssimo na bufunfa e agente pelo enfraquecimento da ministra da Saúde. Dano e danos. Daninhos e danões. O mundo real que se impõe.

Esse é o jogo grande, em que a Comissão de Educação se transformou em preocupação menor. A chegada do PL bolsonarista ao comando de comissão outrora tão cara ao petismo derivando de oportunidade no vácuo da peleja real. Disputa da qual saíram um Lira menos vitorioso do que vende a propaganda e um governo menos derrotado do que pretenderia o "revés". O PL bolsonarista a ocupar as brechas — a vitória possível aos ora irrelevantes.

Este é o choque — governo *versus* Lirão. A oposição, a que se exerce materialmente via controle de fundos orçamentários, com que o Planalto se preocupa. O resto, nas sobras, sendo onda, que faz volume e desvia as atenções: "Partidos da base governista estão montando tropa de choque para tentar conter possíveis iniciativas da ala mais radical do PL."

Partidos da base governista armam tropa de choque para dividir o protagonismo instagramável numa comissão de cujo comando o governo abriu mão. Bom para todos os envolvidos, "base" incluída. Muito barulho. Muita produção de vídeos curtos para as redes. Muito engajamento. Muita espuma — a espuma da resistência — para tapar a realidade que José Guimarães, líder do PT, expõe:

— Tem compromisso do líder [do PL] Altineu Côrtes de não criar nenhuma dificuldade nas políticas que o ministro Camilo [Santana] está desenvolvendo.

Pode-se desconfiar da capacidade de o PL bolsonarista criar dificuldades reais — que não a convocação semanal de ministros ao Parlamento — para o governo. (Questão de competência.) Não se pode confiar em compromisso de líder de oposição que consista em não tentar fazer oposição.

O ministro Camilo, da Educação, pagará a conta, chamado ao palco da lacração. Daninho. O sacrifício, no tablado da segunda divisão, em troca de dividir o fundo eleitoral paralelo e evitar o danão.

A INCERTA DE LEWANDOWSKI

18/3/24

Ricardo Lewandowski foi a Mossoró. De novo. Para "dar uma incerta". Ele mesmo de paradeiro recente incerto. E então a incerta — o reaparecimento. Chegou chegando, com aquela energia *boleto-free* de juiz aposentado ora parecerista. Para pegar a tropa de surpresa. (E para nos lembrar: há um governo de turno.) Um mês depois da inédita fuga de dois traficantes de presídio federal.

Palavras do ministro da Justiça e Segurança Pública, concluídos os encontros com autoridades sobre as buscas aos criminosos:

— Vim para cobrá-los. Precisava dar uma incerta, como se diz no meio militar. A polícia me garante que serão capturados, mas não sabemos quando.

Cobrado, foi cobrar. Agastado, sobrevoou a caatinga desgastada e assegurou a foto clichê. Perdido, encontraria outros perdidos. Não os fugitivos. Os que garantem. Garantem a captura. Nalgum momento. "Não sabemos quando." (A alternativa sendo haver hora marcada para prisão.) Sabemos que o ministro garantista desconfia do garantido — ou não teria passado a revista sem aviso prévio.

A reportagem de Renata Agostini, n'*O Globo*, é impagável obra de arte jornalística. Ela acompanhou Lewandowski na viagem de volta. Mais que perdido, o homem está arrependido:

— Problema é o que não falta. Trato de espião russo, de Allan dos Santos, de um acordo com o Conselho Nacional de Justiça para que tenhamos mais informações sobre operações financeiras suspeitas. Há a questão da Venezuela e dos refugiados. A lista é grande.

Estava "ganhando muito dinheiro", dedicado a produzir pareceres sobre ação que corre no tribunal de que está aposentado faz menos de ano. A lista é grande — de conflitos. Problema é o que não falta — para nós. Como ex-juiz da Corte Constitucional brasileira, estava "ganhando muito dinheiro" sossegado. O presidente *charmeur* da República o chamou. Irresistível "encantador de serpentes".

A cadeira ainda estava quente quando lhe caiu no colo uma crise — crise de segurança na segurança pública — que mina a avaliação do governo Lula. Uma das outrora inexpugnáveis penitenciárias federais tinha celas com parede de papel machê, câmeras de vigilância inoperantes, postes sem luz, cercas meio eletrificadas e canteiro de obras com ferramentas cortantes esquecidas.

Não sendo Flávio Dino, o pai da criança, e não tendo os instrumentos com que o antecessor (pai também da democracia) tiraria o corpo fora e culparia Bolsonaro, Lewandowski se meteu numa gruta — não uma das quatrocentas existentes na região — e só saiu para exercitar o otimismo dos exaustos, também conhecido por delírio:

— É uma oportunidade de fazer uma reforma nos presídios. Imagine se tivesse ocorrido a fuga de alguém como o Marcola? Estamos muito mais preparados agora.

A declaração — melhor a gruta — não é de secretário de administração penitenciária de um claudio castro. Um desses que fala em melhorar o bloqueio de sinais de telefonia nas cadeias. O ministro de Estado, ex-STF, identifica "dividendos" no episódio. Dividendos extraordinários — ops!

Um ano de governo, presos extraindo vergalhões do cárcere para lhe cavar a parede — e então, fugas consumadas, desacreditado o sistema, uma chance de reformar as penitenciárias. Por que não antes?

Era necessário um motivo. Um gancho. A ocorrência gera a oportunidade. (A Odebrecht, se habilitada a levantar Abreu e Lima, poderia tocar a obra. Conhece a matéria.) Ademais, não foi o chefão do PCC a escapulir. "Estamos mais preparados agora" — com o que se entende que as lâmpadas foram trocadas. Marcola fica. Há luz. Falta iluminar como se terá dado a fuga sem ajuda interna — sem suporte externo.

São presídios de segurança máxima pelos quais — em busca de segurança máxima — o governo já anunciou "a compra de equipamentos de videomonitoramento e câmeras térmicas, construção de muralhas ao redor das penitenciárias, instalação de cercas elétricas e aumento das revistas diárias".

Muralhas ao redor das penitenciárias. Camada adicional — mais alta — de segurança máxima. Solução criativa de especialista.

— Não sou pirotécnico. Tenho perfil técnico.

Maneira elegante de informar que não é Dino. Nem Dino nem — informa o cronista — técnico. Alguém escolhido, com serviços prestados, para continuar se queimando, sob a expectativa de matar um leão — uma lei das estatais — por dia. Doravante no Executivo. É diferente. Ainda não se encontrou. Não desistirá. O arrependido-cansado que, tendo-se em alta conta, vai para o sacrifício — não se sabe de quem.

— Uma eventual renúncia minha geraria uma crise. Não está no meu horizonte. Vou ficar até achar que a missão está cumprida.

Cumprida a missão, no horizonte: mais pareceres. Sem renúncias. Sem incerta. Sem crise.

SUPREMO TRIBUNAL UNIVERSAL

1/4/24

O Supremo Tribunal Federal — Poder onipresente — mudará o alcance do foro por prerrogativa de função. Previsível. A ver somente qual será o placar. São dois julgamentos. Um dos quais com cinco a zero no escore, tudo muito ligeiro, vista afinal pedida por Luís Roberto Barroso. Questão de tempo. Já encaminhado o arranjo, consistente com o espírito do tempo, por abrangência amplíssima. Universal — diria o maledicente. Ao tribunal ubíquo, o alcance total. Coerente.

Por que a mudança?

Terão foro "privilegiado", para privilégio sempre dos julgadores, aqueles cujos crimes em foco forem associados ao cargo, independentemente de estarem no cargo. O Supremo anabolizado se expande, o cínico diria que se ajustando formalmente à prática, seis anos depois de haver estabelecido jurisprudência restritiva mais próxima do que se esperaria de uma República: foro especial para quem responde por crimes cometidos no exercício do cargo e relacionados à função. (Concluído o mandato, os processos a serem endereçados à instância competente.)

Para ser justo — e dar razão ao cínico: a regra ainda vigente sempre foi banalmente descumprida pelo STF, que assim desrespeita e desvaloriza o STF, ninguém mais que o próprio STF; como quando o tribunal ordenou busca e apreensão contra sujeito que ofendera o ministro Alexandre de Moraes no aeroporto de Roma. O caso Marielle Franco, sendo Chiquinho Brazão vereador quando dos assassinatos, é outro que põe em xeque a designação do Supremo como foro.

Por que a mudança? Por que agora?

A dúvida ensejada pelo "agora" — por que agora? — não é banal. Corte Constitucional volúvel, percebida como ao sabor dos ventos de grupos de pressão, é Corte Constitucional que, desguarnecida para oportunismos influentes, trai a impessoalidade e o comedimento, difunde a insegurança e alimenta as desconfianças contra si. Supremo de jurisprudência cambiante, revirada de Copa do Mundo em Copa do Mundo, terá sobre si — acusa o maledicente — a suspeita do casuísmo; da regra adaptada para beneficiar um ou prejudicar outro.

(Jair Bolsonaro decerto não gostará da mudança. Né? Ficaria ruim para ele. E para Arthur Lira? Para Davi Alcolumbre? Ciro Nogueira? Hein? Para os que transitam bem pelos convescotes de Brasília? Ficar-lhes-ia ruim? Ou apreciariam? Hum.)

A forma conta. O Supremo a mexer em jurisprudência sensível por meio do plenário virtual, votos apenas publicados, privada a sociedade do debate sobre as razões do tribunal para alterar entendimento só seis anos após a fixação de tese razoável. Seria desejável uma discussão a que dar — poder dar — publicidade. E não esses votos postos enquanto o coelhinho da Páscoa escondia os ovos.

Por que mudar? O que mudou?

Há novos ministros. A composição dos onze foi modificada. E daí? Que argumento é esse? Corte Constitucional, impessoalidade por natureza, não é Parlamento, cuja formação política circunstancial — a expressar a democracia representativa — poderá pender para um lado e justificará-legitimará reformas legislativas estruturais em função da força ora preponderante. Corte Constitucional é o *locus* do comedimento, do conservadorismo na guarda de decisões precedentes referenciais. Se viciada em proatividade, perderá a mão cedo ou tarde.

(A propósito de mão perdida. Havia os que diziam, sobre o Supremo onipresente, investigador e acusador, que o STF de exceção — condição derivada de um estado de vigília permanente pela democracia golpeada — deixaria de existir e voltaria ao leito normal de suas atribuições quando finalmente houvesse um procurador-geral da República, superadas as paralisias de Augusto Aras. Não voltou. O gênio não voltará mais à lâmpada — repito.)

Corte Constitucional não é Parlamento — bom lembrar. Para que não se perca que a deliberação sobre alcance de foro por prerrogativa de função caberia (ainda cabe) ao Congresso. E que o Supremo, mais uma vez, decidirá sobre matéria legislativa. Normal. Já vai normalizado que o iluminista STF, ao identificar omissões do Parlamento, pode preencher as lacunas conforme suas luzes; pode — a partir do julgamento de um *habeas corpus* — rever regra já produto de um seu arreganho legislador.

E assim vai o Brasil, unidos cínico e maledicente: o Supremo Tribunal Federal, Poder onipresente, inspirado na aventura dos inquéritos xandônicos universais, e, para melhor servi-los, comunicando à sociedade — via plenário virtual — que sua competência será aquela que os ministros desejarem. Em nome da democracia. A Corte Constitucional brasileira julga o que quiser — a nova jurisprudência. Se reclamar, Bolsonaro volta.

NOSSO DELEGADÃO

8/4/24

Aqui não se embarcará na contenda delirante que oporia Xandão, herói salvador da democracia brasileira, a Musk, defensor da liberdade de expressão no Brasil. Delirante porque lhe faltariam democratas. Nem o ministro nos salvou — ou seria necessário crer na possibilidade de uma democracia garantida por autoritarismos — nem o dono do Twitter nos libertará. Cada um à sua maneira, ambos com a pretensão de governar. Só um dos quais a se cansar amanhã e mudar de assunto. Só um sendo juiz da Suprema Corte.

Este país não precisa de oportunistas-hipócritas internacionais para ser confrontado com a corrupção de sua República. Elon — cujo compromisso com a democracia oscila a depender de país e tema — vai. Vão também os princípios. Espuma. Alexandre fica. Alexandre é nosso. Nosso delegadão. Problema nosso. O gênio que não voltará mais à lâmpada, chancelado pelos pares e autorizado pelo *8 de janeiro permanente*. Levou a carta branca. Não se lhe cassa mais.

Os vícios a nos interessar são os dos inquéritos xandônicos. Eternos e onipresentes. Promotores de censura. Como aquela, ato fundador, que tirou do ar — em abril de 2019 — reportagem da *Crusoé* que explicava o caso do "amigo do amigo do meu pai": Dias Toffoli, segundo a delação de Marcelo Odebrecht.

O inquérito original, baixado em março daquele ano, doente já na largada, tinha a finalidade de proteger a honra dos ministros do STF. Cinco anos depois, desdobra-se nesse conjunto sigiloso, que se expande incorporando objetos investigados e que constituiu togado que é vítima, investigador, acusador e julgador. Juiz total, pela democracia.

(E ai de ti se reclamar. Bolsonarista! O estado é de vigília, pela democracia, e assim se explica que se negue acesso aos autos. Bolsonarista!)

Manchete da *Folha* em 3 de abril: "Moraes e PGR ampliam alinhamento sob Gonet, mas ministro mantém atropelo à procuradoria." O subtítulo: "Expectativa era de que o magistrado deixasse de ignorar o MP após a mudança no comando da instituição."

Fantasiou-se que os inquéritos xandônicos subvertiam o sistema acusatório constitucional como exceção legitimada ante a omissão de Augusto Aras — tudo a voltar ao leito normal das atribuições quando houvesse novamente um titular da ação penal. Ilusão. No mundo real: Xandão mantendo o ritmo aterrador "mesmo depois de emplacar aliado no comando da PGR".

Observada a forma como Moraes dita os seus inquéritos, que expectativa deveria gerar o fato de Gonet lhe ser apadrinhado: a do regresso aos ritos ou a da manutenção dos acotovelos?

Há PGR agora. E há censura no Brasil. Nenhuma novidade. O Tribunal Superior Eleitoral, esse atalho para forras rápidas, aderiu. Deitou resolução, em 2022, que autorizaria a suspensão de contas em redes sociais. Censura prévia. Há PGR agora. Ao brasileiro ainda interditado o acesso pleno a quais e quantas as contas banidas. E por quê. Quais as fundamentações para cada uma dessas medidas?

Alexandre de Moraes nunca agiu sozinho e sem aval no Supremo, tribunal em que as jurisprudências viraram areia. A ministra do "cala a boca já morreu" — o histórico voto contra a censura prévia a biografias — manifestando-se, no TSE, pela censura a um filme. Era 20 de outubro de 2022, dez dias para a eleição presidencial, quando Cármen Lúcia votou pela censura; e não sem a ressalva de que não se podia "permitir a volta da censura sob qualquer argumento":

— Este é um caso específico e que estamos na iminência de termos o segundo turno das eleições. A proposta é a inibição até o dia 31 de outubro, exatamente o subsequente ao do segundo turno, para que não haja o comprometimento da lisura, da higidez, da segurança do processo eleitoral e dos direitos do eleitor.

De caso específico em caso específico, empilham-se "inibições" — inibidos muitos de nós em criticar o governo Lula e os arreganhos do Judiciário; porque ninguém quer ser fascista e porque, senão, o golpe virá, Bolsonaro voltará.

Cármen Lúcia, ainda sobre a censura com hora para acabar:

— Se, de qualquer forma, senhor presidente [Moraes], isto se comprovar como desbordando para uma censura, deve ser imediatamente reformulada esta decisão no sentido de se acatar integralmente a Constituição e garantir a liberdade.

A censora preocupada com a censura produzir censura. A ministra de Corte Constitucional que admite uma decisão que não acate "integralmente a Constituição".

O Supremo, faz pouquíssimo, esclareceu que a Constituição não contempla as Forças Armadas como poder moderador. Correto. Seria bom esclarecer também que a guarda do Estado Democrático de Direito não faz dos guardiões soberanos. O edifício impessoal das leis não é castelo para a personificação de imperadores. Não há poder moderador no Brasil.

PARTE
9

UM MORTO MUITO LOUCO
15/4/24

Está lá um corpo estendido no chão. Há meses. Ainda não visto. Está lá, podre já. Gere-se o cadáver; a ocultação do bicho. Processo mui favorecido pela fluência da valsa entre enganados e enganadores. (Fingir não ver faz esperança e preço; faz também um ministro.) Ainda não avistado o presunto, coberto pela maré alta; que fantasia e charme não deixam baixar. (Maré artificial cuja sustentação custa caro. Você pagará a fatura. Nenhuma novidade. E vale: o país está salvo, derrotado o capeta. Pague-se.)

Trabalhando com a maré, a favor do "me engana que eu gosto", a espuma; que dissimula a perversidade, de natureza necrófila, contida em tanto se bulir na carcaça. O troço esvaído — e mexido, mexido, mexido. Jesus!

A espuma: Musk já cansado ou por se cansar do Brasil, doravante dedicando-se à liberdade na China e na Rússia. Ficaremos mesmo — em defesa da democracia — com revigorados Xandão e inquéritos xandônicos. Destino cuja previsibilidade só não era maior que a do fado da regra fiscal haddadiana. (Ou que a de novo calote de governos estaduais e seus claudiocastros. Renegocie-se, em honra à incompetência e ao estelionato eleitoral.)

Endividamo-nos, para déficit também do Estado de Direito. Sina. O ajuste, o equilíbrio, a vir nalgum porvir. A conta que não fecha hoje. Jamais hoje. A da democracia garantida por autoritarismos. A da economia, por petismos.

O mundo real se impõe. Sempre. E ficaremos mesmo — em defesa da responsabilidade — com o fiscalista Fernando Haddad, cuja "Fazenda não se opôs" ao contrabando que garantirá gasto extra de quase R$16 bilhões. Culpa do vilão Rui Costa. Né? O mordomo de um governo incondicionalmente comprometido com a liberdade de gastar.

(Haddad não quer gastar. Ok? Apenas precisa arrecadar para o governo gastar.)

Está lá um corpo estendido no chão. Há meses. Coberto o presunto pela maré alta que fantasia e charme não deixam baixar.

O corpo morto, inchado dos sais, é do arcabouço fiscal. Natimorto, desde então submerso. Morto muito louco. Fantasia: a meta zero. Charme: o violão de Haddad. Protegido o defunto — a água da fé e outros interesses tapando também o cheiro — pelo desejo (jogo) em acreditar (fazer acreditar) no fechamento de conta que não fecha. E então se mexe no morto.

poderoso que Moraes — a projeção de que, sendo ainda mais conservadora a Casa a partir de 2026, inevitável será um processo de impeachment contra membro do STF.

Alcolumbre, que nunca deixou de presidir o Senado, armou seu gabinete na Comissão de Constituição e Justiça, desde onde opera milagres como o que fez, pelas verbas da Codevasf, as bacias dos rios São Francisco e Parnaíba chegarem ao Amapá. Ele vocaliza o ânimo do Congresso ante o Supremo legislador que corrige-preenche omissões do Parlamento.

Ânimos conservadores mudam, indignações arrefecem, a depender dos progressismos. Brasília se acerta. Enquanto se especula com as chances de impeachment de ministro do STF na próxima legislatura, testa-se — na mesma CCJ — os humores da sociedade frente à emenda constitucional, a PEC do Quinquênio, que turbinaria os salários de juízes.

(À parte Fux, líder sindical histórico dos togados, seria bom saber o que pensam os outros supremos a respeito dessa "mentalidade antiquíssima", também "mercantilista", patrimonialismo que coloniza o Brasil.)

O presidente Lula jantou com sua bancada no STF. Moraes esteve presente, onipresente. Como seus inquéritos. O estado de vigília — este *8 de janeiro permanente* — que sustenta, em proteção à democracia, transformou ministro em instituição, mesmo na personificação da Justiça; arbitrariedades em instrumentos garantidores da saúde pátria. É possível que transforme estas minhas críticas em ataques.

A bancada do governo no Supremo, promotora do expansionismo criador do terceiro turno parlamentar, cobrando ao Planalto postura ativa em defesa de seus senadores no tribunal; Moraes tendo liderado o esforço que assegurou o mandado da democracia — logo, claro, de Lula. As coisas se confundem. Confundem-se as fronteiras, os limites, e eventos assim se tornam naturais.

Brasília se resolve. Havendo cargos e grana para as emendas de comissão, nova fachada do orçamento secreto e fundo eleitoral paralelo em ano eleitoral, resolve-se. Pacto arrecadatório para a partilha dos gastos, beleza. Todo mundo quer uma PEC do Quinquênio para si.

E Lira, café aquecido, foi ter com Rui Costa, da Casa Civil. Prometeu não se vingar do governo. Já indicara o novo chefe do Incra em Alagoas. Vida que segue. Depois de manipular o bolsonarismo como ferramenta de pressão e dar trela ao risco de "agenda bomba", o Lirão compõe. Brasília se acerta, havendo dinheiro. Resolve-se. Fabrique-se, conforme autoriza o natimorto (vulgo arcabouço) fiscal. Haverá.

A rapaziada é feliz e sabe.

O NEGÓCIO DOS VETOS

6/5/24

Arthur Lira é semipresidencialista convicto. "Há quem defenda, como eu defendo, o regime de semipresidencialismo" — declarou. "O presidencialismo de coalização não funciona mais, mas precisamos respeitar o modelo que cada governo escolhe."

Está tudo aí, exposta a confusão conceitual derivada da mentalidade autoritária.

O semipresidencialismo de Lira é o da dinâmica do orçamento secreto — agora sob a fachada das emendas de comissão — sem a participação-concorrência do governo de turno. Não se trata de saudade de Bolsonaro, em que pesem as afinidades.

Saudade do modelo viciado que vigorou sob Bolsonaro, aí sim; aquele em que o parlamentarismo orçamentário do Lirão (quem dera houvesse um Centrão) controlava a corda e a caçamba, com Ciro Nogueira na Casa Civil dando fluência às ordens de pagamento determinadas pelo império alcolúmbrico.

(Nota sobre o império alcolúmbrico, a partir da franqueza do senador Randolfe Rodrigues, para quem — não sem razão — Davi Alcolumbre é "o presidente do Congresso de ontem, de hoje e de sempre". Daí explicado Rodrigo Pacheco chorar as pitangas de "escanteado" pelo Planalto. O preço de haver aceitado a condição de biombo para que o rei "de sempre" mandasse desde a Comissão de Constituição e Justiça.)

Esse é o semipresidencialismo ideal de Lira, em que o primeiro-ministro, guarda compartilhada entre ele e Alcolumbre, controle fundos orçamentários crescentes sem qualquer responsabilidade formal pelo calabouço fiscal da irresponsabilidade.

O incômodo do presidente da Câmara — que se expressa na agenda de impasses desta semana — é produto de o governo querer tomar parte nas destinações das emendas. Donde os estresses. Lula é saudoso do presidencialismo que rebocava o Parlamento — e que produziu mensalão e petrolão.

Uma disputa entre modelos corrompidos. O semipresidencialismo do Lirão *versus* o presidencialismo lulopetista. Lira, autoritário que se considera um plebiscito em si mesmo, não escolhe sistema. Não ainda. Escolhe para quem vai a grana. E escolhe se — como — respeitará o "modelo" do governo. Sabe que o pêndulo da deformidade institucional ora favorece a autonomia anômala do Congresso.

Transitando de vício em vício, o país paralisado espera o desenlace da semana: que fim terão os vetos de Lula. Noutras palavras, negociações em curso no Amapá: de que modo será recomposto o fundo eleitoral paralelo em que consistem as emendas de comissão. A agenda é autorreferente, fácil o pacto pela nova morte do natimorto fiscal. Organizada a divisão da bufunfa, fabriquem-se os R$15,7 bilhões sobre o presunto do arcabouço. Estamos quase lá.

Enquanto a turma dança a coreografia da desoneração-reoneração, uma só certeza há, a "de sempre": a oneração será sua.

BRAVO DIAS TOFFOLI

10/5/24

Dias Toffoli não gosta de jornalismo e está bravo com a imprensa. Não quer que suas viagens para palestrar em eventos privados sejam questionadas. As reportagens a respeito seriam "absolutamente inadequadas, incorretas e injustas". Adequadamente, expressou seu repúdio à atividade jornalística antes de palestra em evento privado.

É um perigo quando nosso editor supremo — "enquanto Suprema Corte, nós somos editores de um país inteiro" — fica bravo com a imprensa. O monocrata, que compreende o tribunal como poder moderador, pode exercer seu autoritarismo — não deixa de ser forma de edição — ordenando censura.

Não é preconceito. O "amigo do amigo do meu pai" não apreciou quando a *Crusoé* contou que ele seria o amigo de Lula, amigo de Emílio, pai do delator Marcelo Odebrecht. A matéria foi tirada do ar, os inquéritos xandônicos mostrando a que vinham — em defesa da democracia — já em 2019. Edição do bem. Censura virtuosa. Até Cármen Lúcia a aplica. Ninguém está livre.

Livre está (ainda) o direito a perguntar: quem — e com que grau de interesse em decisões do Supremo — bancou a *trip* de ministros à Europa?

Dias Toffoli poderia ser transparente. Preferiu reagir à fiscalização sobre sua atividade sempre pública — não importa a natureza privada do convescote — citando números da atuação plenária da Corte. "É o tribunal que, no ano passado, tomou colegiadamente mais de 15 mil decisões." Faz sentido que proceda assim, o colegiado como escudo; uma vez que o que põe o onipresente STF em xeque são, sobretudo, canetadas individuais como as dele — a que anulou as provas geradas nos acordos de leniência da Odebrecht, por exemplo.

Ou a de Cristiano Zanin, ex-advogado de Lula, cuja liminar instrumentalizou o Supremo como agente de pressão a que o governo tivesse força para renegociar o fim da desoneração com o Parlamento.

A Corte Constitucional, outrora do comedimento, pervertida em instância para terceiro turno parlamentar, sua arbitragem a serviço de conter, em prol do Planalto, o desequilíbrio que ora beneficia o Congresso. Contra o vício do parlamentarismo orçamentário, fiador da autonomia anômala do Legislativo, o investimento no vício do STF como poder moderador da República.

Desnecessário dizer que volume não é qualidade em si e que 15 mil decisões colegiadas se tornam 15 mil e uma quando o plenário abona o trem da alegria que Lewandowski puxou para a tomada dos vagões das estatais. Vitória da articulação política da bancada do governo no Supremo. A lei das estatais declarada constitucional, em seguida legalizada — tese de Dias Toffoli — a ocupação das companhias ocorrida sob a vigência da liminar do hoje ministro da Justiça de Lula.

A lei é constitucional, a Corte Constitucional autorizando-esquentando janela com catorze meses de inconstitucionalidade. Pensa-se na "continuidade da administração pública", argumentou o senador Barroso, presidente do Supremo. "Uma construção coletiva." O Planalto pede. O STF entrega. Ou melhor: edita.

MINISTROS DO SUPREMO PARTICIPAM
13/5/24

Reportagem de Weslley Galzo informa que "ministros do STF participaram de quase dois eventos internacionais por mês no último ano", alguns dos quais custeados por grupos com interesses em ações julgadas na Corte.

O tribunal respondeu. A nota — desaforada e mal escrita, também modalidade de desaforo — exige análise do discurso.

Ministros do Supremo conversam com advogados, com indígenas, com empresários rurais, com estudantes, com sindicatos, com confederações patronais, entre muitos outros segmentos da sociedade.

Conversam demais. Circulam demais. Saudoso o tempo em que o "segmento" da impessoalidade conhecido por comedimento tinha alguma vez. Sendo certo que o local onde se conversa agrava o vício. Não conversarão com indígenas em visitas aos territórios indígenas. Maior a chance de que se encontrem na Europa. Nada contra o Velho Continente. Foi no Brasil que Barroso, em ato da UNE, festejou o "nós derrotamos o bolsonarismo".

E muitos participam de eventos organizados por entidades representativas desses setores, inclusive por órgãos de imprensa.

Se houvesse alguma dúvida sobre o equívoco-armadilha em que consiste convidar ministros do STF a tomar lugar em debates promovidos pela imprensa, nesta zoada estaria mais uma evidência. O jornalismo sem autoridade para criticar — lê-se.

> *Naturalmente, os organizadores dos eventos pagam as despesas.*

Construção-esculacho própria a uma ilha da fantasia, lá onde será natural que empresa com pleito no Supremo patrocine viagens e hospedagens de ministros do Supremo. Naturalmente, na ilha da fantasia não há povo nem República. Só organizadores. (E hotéis e restaurantes estrelados.)

Quando um ministro aceita o convite para falar em um evento — e a maioria dos ministros também tem uma intensa atividade acadêmica —, ele compartilha conhecimento com o público do evento.

Quando aceita convite para falar num evento privado em cujo pacote vai espécie de imersão, com charutadas restritas, o ministro compartilha acesso. A chance de ser acessado. Outro tipo de conhecimento. Com tantos compromissos, é impossível que sobre intensidade para a academia.

Por isso, a questão não está posta da maneira correta, não se pode considerar a participação do ministro no evento como um favor feito a ele pelo organizador.

Pode-se considerar o que quiser, inclusive a hipótese de troca de favores. Posta de maneira corretíssima — o que importa a esta análise — a desconfiança que tais jornadas aprofundam na sociedade.

Por essa razão, não há conflito de interesses.

Por essas razões, difícil será encontrar definição prática mais precisa para conflito de interesses.

ODE AO CORPO MOLE

17/5/24

Jean Paul Prates caiu. Caiu o caído. A morte e a morte de. Literatura fantástica. História que lembra a do arcabouço fiscal: o natimorto que vai morrendo até morrer. Só ele terá sido pego de surpresa. Não era *prates* da casa. (Sorry.) Insuficientemente petista, aquém do índice Gabrielli de *pasadenismos*. Haviam lhe dado o veredicto: corpo mole.

Talvez seja o elogio possível à sua gestão. Ode ao corpo mole! O que — quantos ímpetos "reindustrializantes" — a moleza terá atrasado? Homem "do mercado", assim como Haddad é "fiscalista". Classificações que só fazem sentido na métrica do ecossistema petista, por oposição a Gleisi Hoffmann. Por oposição a Hoffmann, Prates vira até insubordinado.

Lula ouviu Dilma Rousseff antes de formalizar a demissão. E lá vamos nós. De novo. De navio novo. Quem sabe a Oito Brasil? A Petrobras como indutora para voo de galinha *reendividante*.

Vitória dos nacionalistas Rui Costa e Alexandre Silveira. Não terá bastado o abrasileiramento da política de preços. Nacionalismo, na Petrobras, significa repetir investimentos antieconômicos. Em fertilizantes, por exemplo. Há também o lobby dos gasodutos. Uma petroleira onipresente pode atender a todos.

Não me refiro a todos os brasileiros. Antes ao espírito "trem da alegria" da liminar de Lewandowski, que afinal garantiria janela inconstitucional em lei declarada constitucional, autorizados catorze meses de infiltração companheira. Uma Petrobras onipresente amplia superfícies — paraíso "estruturante" para incompetências e corrupções.

O sangue da Lei das Estatais está na água. Os nacionalistas querem controlar as indicações à cúpula da empresa de acordo com o interesse de suas pátrias. Filme já visto. Uma forma de soberania. Terão a concorrência do Lirão.

A história sendo reescrita. Voltam Abreu e Lima e Comperj. Não há problema de comunicação aqui, seja chambriard ou chantilly. O interventor Lula comunica: o ritmo de aplicação dos equívocos estava lento. Acelere-se.

Fernando Haddad comunica. Pelo silêncio. Não está podendo se meter em Petrobras. Os muitos problemas próprios o obrigam ao desaparecimento. Não tem mais a PEC da Transição para sustentar o ministro da Fazenda responsável fiscalmente, e a saturação dos mecanismos de arrecadação está posta, precocemente avançada a fase da fabricação de dinheiros, conforme a manipulação do presunto do arcabouço fiscal. A conta nunca fechou. E os nacionalistas querem grana. A meta é investir. Gasto é vida. PAC.

Haddad deveria se ver em Prates. A engenharia da queda de um é a mesma da carga sobre o outro. "Teu trabalho tem de produzir crescimento imediato." Deveria também refletir sobre se o ex-CEO da Petrobras não lhe seria espécie de anteparo — de camada de proteção. Uma certeza: Rui Costa só obedece.

DILMA III

20/5/24

O Ministério do Planejamento entrou na clandestinidade. O aparelho está por cair; seus técnicos conspirando contra as indexações-vinculações que agravam a subordinação do Brasil ao império do *gastar o que não pode*. Flertam os conjurados com a ideia perigosa de fazer escolhas. Ameaçam difundir que grana não dá em árvore.

E então sussurram o óbvio, os traidores da pátria: as contas não fecham. O dinheiro escasseia. Não está mais tão barato arrancá-lo; nada fácil fabricá-lo. Avançado já o segundo ano de governo... O mundo real se impõe.

A ministra Tebet tem paradeiro desconhecido depois de haver atentado contra a frente ampla. Expôs a saturação do fiscalismo haddadiano — aquele exercido via crescimento eterno da arrecadação. E tentou plantar a bomba da reforma estrutural na engenharia das despesas. Não haveria outro jeito, de acordo com essa inimiga da nação. É procurada.

Ainda assim, os resistentes subversivos ousam segredar que 2024 veio sem PEC da Transição. Poucos se lembram do troço. Conveniente esquecê-lo. Uma injustiça, pois o projeto inicial do governo de reconstrução previa que se reproduzisse a graça. Seria a PEC da Transição Permanente.

Não que seu esbanjamento solo, em 2023, tenha sido ineficaz. Fez Fernando Haddad um ministro da Fazenda crível, senhor da estabilidade fiscal. Com R$150 bilhões extras para iniciar os trabalhos, qualquer um vende futuro de metas superavitárias. Com cara de pau, até se comemora contas *poucamente* deficitárias. "Gestão no caminho certo."

Triunfo do oximoro, também sua melhor expressão: Haddad ao mesmo tempo responsável fiscalmente e ministro da Fazenda deste Dilma III.

A conta nunca fechou. E o dinheiro acabou. Relativize-se o "ministro da Fazenda crível". Crer pode ser bom negócio. A temporada do *Haddad Meta Zero* fez bons preços. Para que se avalie o tamanho do "me engana que eu gosto": produziu o arcabouço fiscal e houve quem empenhasse a credibilidade em identificar no bicho, natimorto ao primeiro olhar, compromisso com o controle das despesas.

O arcabouço fiscal, senhoras e senhores! Aquele cujo presunto finalmente se avista e que intoxica todo e qualquer marco de credibilidade. A própria constituição — a bíblia — do império gastador dos bilhões que não há. Crer será bom negócio quando a expiração da fé for previsível. O governo é previsível.

E ora temos a Lei de Responsabilidade Fiscal em xeque, segundo ótima reportagem de Daniel Weterman. "Em xeque" pressuporia a existência desafiada do organismo. Isso é coisa do passado. A resistência — uma década de perecimento — foi vencida. Letra morta, a LRF. Morreu em nome de novo voo de galinha. Enterrada como indigente.

DIAS TOFFOLI LAVAJATISTA

24/5/24

Monocrata de causas CNPJ no Supremo, Dias Toffoli abriu exceção para matéria Pessoa Física. No caso, Marcelo Odebrecht — o filho de Emílio, amigo de Lula, de quem o ministro seria parça, "o amigo do amigo do meu pai", segundo... Marcelo Odebrecht.

Referência cuja formalização deveria bastar para que — houvesse República — Dias Toffoli jamais pudesse julgar qualquer matéria relativa à empreiteira. Em setembro fará ano desde que enterrou todas as provas geradas no acordo de leniência da empreiteira, incluída a parte em que citado.

E só avança e se expande, tornado revisor-universal dos processos da Lava Jato, porque o tribunal se omite; os que lhe seriam contrários a plantar — coragem máxima — notas de incômodo ante as gestões autoritárias do colega. Seria — eis a preocupação — ruim para a imagem do STF.

(Bom para a imagem do STF decerto não foi a recente contribuição de Cármen Lúcia, juíza de Corte Constitucional capaz de, ao tratar da admissibilidade de uma acusação, sentir-se à vontade, talvez até engraçada, para ofender a acusada e lhe chamar — "desinteligência natural" — de burra.)

Que a exceção à Pessoa Física de Marcelo Odebrecht — privilégio que abre a porteira para o assentamento de regra, pois a boiada já se assanha — não seja compreendida como incoerente. Da jurídica à física, o mesmo método. Anulados os atos processuais, trancados os inquéritos, aterradas as provas. Mantido o acordo de delação, como mantidos foram os de leniência.

O conteúdo delatado — produto do "pau de arara do século XXI" — ao lixo. Preservado o contrato de delação. Preservados os benefícios de poder concorrer a obras públicas — como a da retomada de Abreu e Lima — e de não responder a nova ação penal.

Preservadas também as questões. Se houve "conluio processual", se oprimidos a delatar, em que terreno do vexame ficam as bancas advocatícias que não perceberam, por exemplo, que as gargalhadas de Emílio ao confessar eram produto de sevícias? E por que não pleiteiam o cancelamento desses acordos viciados? As respostas estão mais do que dadas. Donde se deva insistir nas perguntas.

A leitura da decisão de Dias Toffoli — a Lava Jato combatida com lavajatismos — confirma que as canetadas do ministro, a partir da onipresença que forjou para si, não podem ser analisadas sob os marcos do Direito.

Direito também à margem na deliberação do TSE que manteve a cadeira do senador Moro, normalizada a explicação de que a cassação teria sido evitada em decorrência de "recuos táticos" e acordos políticos, não ausente a chantagem. Informada à sociedade de que, sem os cálculos e arranjos, uma acusação insustentável teria prosperado para cassar mandato popular.

CORREGEDOR-UNIVERSAL DO JORNALISMO

27/5/24

Alexandre de Moraes, gestor de inquéritos onipresentes e infinitos, também, claro, corregedor-universal do jornalismo, enviou nota ao UOL para lhe acusar de falsa uma reportagem. Não indica quais seriam as mentiras. Não precisa.

Trata-se de um de nossos salvadores. Pode tudo — os colegas togados, formalmente, e nós mesmos, imprensa, o legitimaram. Vige sobre este *8 de janeiro permanente*. Líder do estado de vigília contra o golpe. Donde crava: "Fake news e notícias fraudulentas não ficam restritas apenas às redes sociais." Não está errado.

O que crava sendo o mesmo que tem cravado o que será fake news e notícias fraudulentas.

Em defesa sempre da democracia, autorizado, pois, à aplicação de autoritarismos, escreveu: "Sob o manto do sigilo de fonte, a jornalista inventou fatos e versões."

Seria o caso de temer pelo sigilo de fonte, não fossem as fontes ministros do Tribunal Superior Eleitoral.

O veículo reiterou a veracidade do conteúdo, publicado em 24 de maio. As repórteres Carolina Brígido e Carla Araújo conversaram com membros do TSE; que se sentiram à vontade para comentar a estratégia da defesa de Bolsonaro no processo que o declarou inelegível.

A tese dessa entidade oculta-vaga chamada *ministros-de-corte-superior-falam*: ao recorrer ao STF, o ex-presidente teria perdido a chance de investir em embargos capazes de lhe dar tempo até que a nova formação do TSE — especulada como mais favorável a ele — passasse a julgar.

Está tudo errado. Juiz comentarista de defesa. E juiz comentarista de defesa cuja análise se dá à margem do Direito. Juiz comentarista de defesa cuja análise tornada pública se fundamenta na composição política do tribunal de que faz parte.

Xandão, guardião do Estado de Direito e fonte responsável, não gostou. Para ser justo, desta vez não ordenou censura. Seria o caso de o UOL agradecer, se lembrarmos do episódio fundador em que o inquérito xandônico original, ainda bebê, em abril de 2019, mostrou a que viria censurando reportagem da revista *Crusoé* que informava ser Dias Toffoli "o amigo do amigo do meu pai".

A nota intimidadora de Moraes — resfriadora do debate público — veio pouco depois de o Supremo haver declarado inconstitucional o assédio judicial contra jornalistas. A prática consiste em ajuizar ações em série, em locais diferentes, para constranger, onerar e até impedir o exercício da profissão.

O STF agindo então — acredite — para, segundo Fachin, "evitar os efeitos nefastos da restauração indireta de um procedimento de censura e autocensura". Cármen Lúcia, que votou — em 2022, bem diretamente — pela censura a um filme, fez coro: "A democracia é caudatária de uma imprensa livre e independente."

LIRA REFORMANDO

31/5/24

Barbas de molho para a reforma tributária. A Câmara já trata do primeiro projeto de regulamentação, que definirá a composição da cesta básica e a lista de bens e serviços considerados nocivos à saúde e ao meio ambiente.

Atenção ao "imposto do pecado", antes aos pecadores. Ainda longo o mar a atravessar. Em curso, a forja e a instrumentalização das ondas, ali onde surfam os grupos de pressão influentes. A certeza: você levará o caixote — tomará o caldo.

Alíquota-padrão — alta — a definir. Quão alta será? Os tubarões — novas exceções — rodeiam. E o Planalto, cansado, boia. As condições dadas para que Arthur Lira execute plenamente o seu modelo de atividade legislativa.

A mais óbvia delas: o calendário apertado. Ele — que também tem data de validade — adora. Menos de sessenta dias até o recesso. O governo — que vai, pelo menos, até 2026 — ainda não aprendeu. Subsidia-o com incompetência. O homem opera e mantém aquecido o próprio café. Gere os prazos curtos para parecer mais forte. Os prazos curtos também são dele. Sobretudo dele. E sempre o Planalto com a água no pescoço.

Estamos em 2024. A agenda no Parlamento — vigente o parlamentarismo orçamentário — é autorreferente. Garantidas as emendas como fundos eleitorais. Virão as eleições municipais. Já veio a corrida pela sucessão na Câmara. Os postulantes estão na pista. É o poder de Lira que se acerca de murchar. E ele faz da regulamentação da reforma tributária mais um território para manutenção de força.

Informa o *Estadão*: "Lira impediu que o projeto fosse votado por comissões antes do plenário e nomeou sete deputados de sua confiança para dividir a relatoria."

O presidente da Câmara joga nova camada de terra sobre o aterrado regimento interno da Casa, atropeladas a competência, de natureza impessoal, das comissões técnicas e a representação partidária proporcional. Dilapidada — por dentro — a própria democracia representativa. Chamou isso de "uma maneira mais democrática".

E ninguém reage — não raro por falta de moral, os potenciais reagentes já tendo se beneficiado do trator.

De tal maneira Arthur Lira corrompeu o rito parlamentar nos últimos anos que ora avança sob estado da arte, lá onde o autoritarismo flana como excentricidade e anestesia.

Sete relatores. Sete. Em regime de "plantão". (Lira lhes reservou a sala de número 171.) Sete deputados de sua confiança. Sem hierarquia entre si. (Não sem comando.) Sete superfícies suscetíveis. Sete parlamentares de partidos grandes, alguns com pré-candidatos. Sete — de PP, PSD, União Brasil, Republicanos, MDB, PL e PT — gratos e engajados. Sete *liras* para negociar.

HADDAD ASSOMBRADO

3/6/24

Fernando Haddad vê fantasminhas. O espírito do arcabouço fiscal o ronda. É a alma penada da regra natimorta que o atormenta. Fantasmão, o da credibilidade perdida. Natural que o chame de ruído.

Antes fosse. Lula é coerente e dá materialidade ao espectro. Obstinado por um Estado como alavanca do crescimento. "Não teria aceitado o novo marco fiscal se isso tivesse mudado substancialmente" — disse o ministro da Fazenda ao *Valor*.

O governo é Dilma III e o presidente não pode ser acusado de estelionato eleitoral. A raia fiscal foi improvisada para corridas à larga. Não há rumor. Há constatação tardia.

Haddad — pai da assombração — vendeu equilíbrio que não poderia entregar. Agora tem de lidar com o presunto do arcabouço exposto, de repente descoberto. Não cheira bem. Foi mexer na meta. (E houve quem celebrasse as maquiagens que apenas adiaram esse encontro com o mundo real.) Fedeu. Sempre foi questão de tempo. Enfim, o corpo morto alterado. Vilipendiado. Para levantar uns bilhões. Qual fantasminha não reagiria ao ultraje de sua matéria?

A banalização da mudança de meta fiscal a se exibir — exibida a irresponsabilidade dos governantes — quando necessário crédito extra para demanda excepcional de verdade; como a do Rio Grande do Sul.

Haddad prometeu equilíbrio fiscal, superávit em 2025, enquanto receitava — seus "compromissos iniciais" — reforma tributária, marco fiscal e corte de gastos tributários. Fez isso à base da anestesia conhecida por PEC da Transição. Foram cerca de R$150 bilhões, em 2023, para o ministro "surpreender o mercado com seus compromissos fiscais". A grana acabou. Os fantasmas ora vindo cobrar papai. E ainda estamos em 2024.

Atualizemos.

A reforma tributária foi levada à sala 171 para que Lira mantenha aquecido o próprio café. Sete os relatores que farão a cama ao "imposto do pecado". Assombração nenhuma terá coragem de entrar ali.

O marco fiscal, morto que continua morrendo, era inviabilidade grotesca na origem. Todo mundo fez conta. Houve quem preferisse se fingir de distraído para exercitar a esperteza e armar posições.

Corte de gastos será só o tributário mesmo — com insuficiência expressa na campanha contra o fim da desoneração da folha de pagamentos.

O governo é Dilma III e a despesa — a constante do natimorto fiscal — crescerá sempre. Ajuste, somente pela arrecadação. Ferramenta já saturada. E então as engenharias criativas pela fabricação de dinheiros; onde estamos. Haddad assombra Haddad. Pedale-se.

PARTE
10

COM QUE ROUPA?

7/6/24

Mais um projeto de incentivo à indústria automotiva foi aprovado. São décadas de protecionismo. O fracasso da competitividade agora embalado com sofisticação verde. Pela descarbonização da frota. O caô da vez. Chama-se Mover. Projeto do governo Lula. Que, sem dúvida, nos move.

Projeto do governo Dilma III também é o da taxação de compras internacionais até US$50. Assim — leio — se fará "justiça" via tributação no Brasil, pela isonomia concorrencial à indústria e ao varejo locais. Contrabando — o da taxa sobre as blusinhas — embutido no programa de carinho a industrial fabricante de carros nem artificialmente capaz de competir.

Uma coisa tem tudo a ver com a outra. Governo e Congresso optaram por botar carga no lombo de pobres e remediados enquanto requintavam o alívio à indústria automobilística. A justiça sendo feita com os justiceiros envergonhados... A justiça é impopular. O justo imposto das blusinhas malocado no pacote com novos benefícios fiscais à produção de automóveis.

Não há uma reforma tributária em curso? Por que não se discute a taxação das blusinhas na sala 171 da Câmara? Por que não se faz justiça — para início de conversa — no espaço adequado?

Não se faz justiça com desespero. Haddad, cuja PEC da Transição expirou, precisa arrecadar. Qualquer tostão vale. A grana acabou. Precisa rebater despesas que só crescem e incentivos que se multiplicam. A geração de receitas via revisão de gasto tributário — vê-se — é insuficiente. Sobram a fabricação de dinheiros e o aumento de impostos. A classe média baixa pagará a fatura.

Ninguém quer ser pai do bicho. O Parlamento fugindo das votações nominais. A tunga aprovada simbolicamente, enquanto Lula tentava colar em Lira a paternidade do monstro. O projeto é de Haddad. O presidente nada teria com a coisa. Gostaria até de vetá-la. Não foi o que se plantou? Não vetará. Mui contrariado. Fez acordo. Com Lira. Que tem acordo com os varejistas brasileiros. Que não querem — sejamos claros — concorrência na importação de produtos chineses.

E a turma a querer nos convencer de que isso beneficiará a indústria brasileira. O varejista brasileiro armando lobby para garantir a competitividade de suas importações desde a China.

Sejamos claros: a disputa é entre importadores, o projeto prosperando contra o consumidor importador direto de bugigangas. A turma a querer nos convencer de que o Brasil se desenvolverá com a população pagando mais caro pelo mesmo produto.

Conforme definiu o economista Roberto Ellery Jr., "saímos do modelo de substituição de importações para o modelo de substituição de importadores".

Movemo-nos, sem dúvida. Andamos até tabelando o preço do arroz.

LULA ARTICULANDO AMANHÃ

10/6/24

Ano e meio de governo — governo exausto e sem identidade — e ainda a conversa de articulação política insuficiente. O ministro articulador não fala com o presidente da Câmara. Mas a culpa é dos ministros cujos partidos nunca mentiram sobre não integrar a base de Lula.

Ano e meio de governo e, finalmente, o presidente da República vai a campo. Não houve derrotas. Nem erros. Mesmo assim, descerá ao chão. Será a terceira vez que promete. Nas outras, disse que iria e faltou. Ou foi e não resultou. Agora vai. Como se favor. Como se, até aqui, o governo — governo fraco — fosse de outro. De Rui Costa, sei lá. Agora vai. Vai?

Se a ideia for passar o tempo dedicado apenas às atividades institucionais da Presidência, menos desgastante será entregar logo o norte a Lira/Alcolumbre e deixar andar o arranjo informal. Bolsonaro o fez. A engenharia do parlamentarismo orçamentário está em operação; o motor do orçamento secreto jamais parou de girar. Chame Ciro Nogueira. Coloque-o no Planalto. E Lula poderá viajar costurando a paz mundial.

Planta-se — falam os seus aliados — que está sem paciência "para as rotinas e os rituais da política". Um presidente sem saco para governar. E ainda dois anos e meio de mandato. A presença do homem "muda a capacidade de articulação". Afirma Jaques Wagner. "Mas tem que dar o tempo."

Um ano e meio — e ainda temos de lhe dar tempo. "Ele passou um ano e pouco preso." Disse o senador ao *Globo*. "O cara tem alma. Não é de ferro." Precisa de tempo. Para superar as dores. Sentado na cadeira de presidente de um país em depressão política faz mais de década. Por que concorreu?

Se para nos salvar do capeta, obrigado. E agora? Quase metade do país votou em Bolsonaro e não considera Lula herói de coisa alguma. Todos têm mágoas. Não nos faltam injustiçados. Qual a agenda? A visão de futuro? O *8 de janeiro permanente* não enche pança. Se veio somente para nos salvar e pretende avançar cultivando uma eterna "saída da tormenta", faltará chão até 2026. Porque a maioria dos que o elegeram, acredite, não vive de Bolsonaro. Nem come PIB.

O presidente também está aflito porque os números da economia não se reverteram em popularidade. A planilha palaciana não bate com os preços da quitanda.

A vida está cara — e a agenda do governo é de aumento de carga. A vida é dura, as pessoas não acreditam na elite política — e o governo vem para transferir ao ferrado o custo da conta crescente do Estado. A vida está pesada, as pessoas têm medo — e o ministro da Justiça é Lewandowski, preocupado com o direito do preso à "saidinha".

A vida desalma e as pessoas não têm tempo.

DE DILMA I PARA DILMA III

14/6/24

No Brasil, todo mundo quer equilíbrio fiscal e justiça tributária; desde que cortado seja o benefício do outro. A conta não fecha.

Assim como jamais fecharia a conta do arcabouço fiscal de Haddad. Não sem uma PEC da Transição permanente. O mundo real se impôs em 2024, zerados os R$150 bilhões que lhe permitiram enganar como rigoroso comprometido até com superávit.

O plano era (é ainda) torcer por bonança externa, pedalar (fabricando dinheiros) por voo de galinha até 26, então cuspir uma PEC Kamikaze para financiar a tentativa de reeleição — e empurrar a pancada para 27.

O chão encurtou. (Nem Juscelino Filho pavimentaria.) As despesas — a constante do natimorto fiscal — crescem e crescem, os recursos para aumento de arrecadação vão saturados e as possibilidades de revisão de gastos tributários, escassas. O lobby é tão forte que fez Pacheco valente. O vencedor de 23, Haddad, de repente aflito, anunciando "revisão ampla e geral" de despesas. Não estava no plano.

Foi o PT, sob Dilma I, que inventou essa desoneração da folha de pagamentos. Outra conta que não fecharia. E agora Dilma III rebolando para lhe tapar o buraco. Tudo sem convicção e na correria. Para remediar a sangria do calabouço fiscal, que arrombou a porteira das despesas. Não será suficiente. O cobertor é curto. A agonia, larga. E, no desespero, a repetição dos erros.

Para neutralizar o gasto tributário com as desonerações, a proposta de limitação de outro gasto tributário — o dos usos dos créditos do PIS/Cofins para compensações cruzadas. É preciso mesmo enfrentar essas reservas. Enfrentamento disparado no improviso, de novo via medida provisória, sem atividade política, à margem da Constituição — e, para juntar impacto inflacionário à insegurança jurídica, com a mão pesada da Receita Federal na forja da mordida. Donde a coragem fácil de Pacheco. A conta não fecha.

Agora — diz-se — Haddad mostrará a Lula cardápio com opções para cortes de despesas. Em ano eleitoral. O menu elencaria alternativas de desindexação de gastos.

No caso dos pisos de Saúde e Educação, que sobem atrelados à receita, rever-lhes as vinculações deteria um dos transbordamentos que o arcabouço fiscal contratou. Despesas obrigatórias que crescem conforme o crescimento da arrecadação.

O crescimento da arrecadação sendo o instrumento do arcabouço para rebater o aumento das despesas. O ciclo da asfixia. E houve quem elogiasse o troço. Alguém envergonhado?

A ministra clandestina Tebet, do Ministério do Planejamento na Clandestinidade, deu entrevista ao *Globo*. Qual o apoio do presidente ao corte de gastos?

"Não sei, porque nem ele sabe o trabalho que nós estamos fazendo".

LIRA LOBO MAU

17/6/24

De repente se descobriu Lira. De novo descoberto. De repente, de novo. De repente de novo. Dilapidador do processo legislativo desde 21, solapador da democracia representativa, presidente da Câmara cujos métodos para destruir os tempos da atividade parlamentar foram admitidos e, muitas vezes, aplaudidos, ao operar por agenda de interesse do governo da reconstrução.

O amor e a esperança voltaram; não os mecanismos de obstrução por meio dos quais as oposições-minorias freavam imposições. Obra de Lira. A política voltou, marginalizadas as comissões técnicas e a representação partidária proporcional. A democracia venceu. Com Lira. O sistema de votação remota instrumentalizado para ministrar esvaziamentos episódicos do plenário, com o que controla-cassa os debates.

Se o arreganho formal vai pela causa considerada virtuosa, beleza. (Né, Xandão?) E então o escândalo, oh!, quando a manipulação de urgências vem tratorando por projeto infame.

Tentou blitz pelo PL das Fake News. Ninguém entre os ora ofendidos achou ruim a disfunção estrutural produzida pelo regime de pressas-conveniências de Lira. Era por razão nobre. Sempre é. (Pergunte a Sóstenes.)

A tramitação da PEC da Transição — derrama de R$150 bilhões para que o governo de nossos salvadores pudesse nos salvar à larga — atropelou o rito, projeto malocado em outro já avançado. Tudo bem. A reforma tributária aprovada com o texto final desconhecido, contrabandos metidos no conjunto enquanto o plenário já o debatia. Era por bons motivos. Até que deixe de ser.

"Insanidade" é que se tenha tratado Lira, autoritário-corporativista, como democrata e interlocutor por programa reformista liberal. O senhor da constituição imperial do orçamento secreto. Que o blinda. Que continua, ministro Dino. Nas barbas do Supremo. O blindado sendo primeiro-ministro dum parlamentarismo orçamentário sem responsabilidades pela conta que pendura.

A Corte contribui para a blindagem. Ou, a respeito das traficâncias com kits de robótica, não teremos uma investigação, para a qual o STF declarou, na prática, inexistir foro? O troço não pode ser investigado, nem embaixo nem em cima, provas ao lixo — e tranca. Estímulo que abre veredas. (Nada a ver com o hospital de Maceió.)

Houve também o episódio da desdenúncia. Por unanimidade. Lira desdenunciado no caso do assessor interceptado com grana no aeroporto. O tribunal que aceitara a acusação de súbito voltando atrás.

Ex-réu. E presidente onipotente de uma Câmara com lideranças murchas, pervertidas em donatários de emendas. Presidente reeleito — isto é perturbador — por uma "frente ampla" que uniu, menos de mês depois do 8 de janeiro de 23, bolsonaristas e petistas. Uma República saudável.

CENSURANDO E ANDANDO

21/6/24

Alexandre de Moraes censurou e *descensurou*. A liberdade do onipotente produz relaxamentos; o "juízo de cognição sumária" baixando já sem tentativa de envernizar a ordem com Direito.

Ordenou a censura por ser pleito de Arthur Lira. Em 2019, na origem dos inquéritos xandônicos, censurara a *Crusoé* a pedido de Dias Toffoli. É ler as oito páginas da decisão e constatar a inexistência de outra fundamentação. *Periculum in Lira*.

Ordenou a *descensura* porque, entre os censurados, estava jornalão. Talvez tenha sabido só depois... "Ih! A *Folha*." Ministro do Supremo flagrado mui à vontade para censurar distraidamente, copiando e colando trechos de censuras anteriores.

O objeto da censura ora (mais ou menos) *descensurado* é entrevista, de 2021, em que a ex-mulher de Lira o acusa de violências físicas e coação. Vídeo que Xandão tirou do ar, em 2024, para interromper — você já conhece o texto — a "propagação dos discursos com conteúdo de ódio, subversão da ordem e incentivo à quebra da normalidade institucional e democrática".

Sua intenção — ao mandar apagar relato em que uma mulher denuncia agressões — era "interromper a lesão ou ameaça a direito".

Lesionado o Direito quando juiz de corte constitucional, copiando e colando, determina supressão da palavra — ato extremo — sem argumento concernente ao caso concreto.

Está na decisão — você já conhece o texto: "Liberdade de expressão não é liberdade de agressão! Liberdade de expressão não é liberdade de destruição da democracia, das instituições e da dignidade e honra alheias! Liberdade de expressão não é liberdade de propagação de discursos mentirosos, agressivos, de ódio e preconceituosos!"

Moraes copiou e colou e, calculando os tempos da última terça, 18 de junho, não será improvável que tenha despachado enquanto votava para tornar réus os acusados — entre os quais um deputado federal — de mandar assassinar Marielle.

O brado "liberdade de expressão não é liberdade de agressão" numa imposição censória sobre entrevista de uma mulher que acusa parlamentar poderoso de a ter agredido.

O presidente da Câmara peticionou, pela extensão da censura, em processo de que não é parte: uma reclamação da Agência Pública contra o bloqueio — mantido por Xandão — à reportagem "Ex-mulher de Lira o acusa de violência sexual". A reclamação, instrumento para assegurar a liberdade de expressão, servindo à ampliação do arreganho.

Esse caso tramita na primeira turma do STF. A censura, que já dura nove meses, foi endossada por Fux e Zanin. Formada a maioria. Cármen Lúcia — outrora a juíza do "cala a boca já morreu", que, em 2022, votou para censurar um documentário — pediu vista em abril.

POLÍTICA DE ESTADO

24/6/24

Arthur Lira e Ciro Nogueira são presenças confirmadas no Fórum Jurídico de Lisboa. O Parlamento em semaninha de folgança, a três semanas do recesso, para que o país seja discutido na Europa; o restante do Congresso pulando as fogueiras de São João. E há um compromisso por votar as regulamentações da reforma tributária até 18 de julho.

Ninguém reclamará das comissões atropeladas e dos regimes de urgência impostos, afinal aprovado texto desconhecido enquanto se lhe metem ainda mais contrabandos. Lira quer uma marca para sua gestão. Gostaria que fosse a reforma tributária. Será a instituição do orçamento secreto.

Daí a sugestão: se em Lisboa, para participar do que os maledicentes chamam de Gilmarpalooza, Lira e Nogueira poderiam propor mesa — faltaria apenas Alcolumbre — sobre a constituição e a operação do orçamento secreto. Diante de alguns ministros do Supremo, explicariam a natureza-engenharia de arreganho que aterrou decisão do tribunal e conseguiu — política de Estado — transitar de Bolsonaro a Lula sem maiores solavancos.

O capeta se foi. A picanha voltou. A democracia está garantida por Xandão. E o orçamento secreto continua. E continua a Codevasf, sob o mesmo comando de quando os golpistas nos acossavam. Não deixa de ser expressão da estabilidade-resistência de nossa República.

Manchete do *Estadão* para reportagem de Daniel Weterman: "Governo Lula paga R$7 bilhões do orçamento secreto de Bolsonaro sem respeitar decisão do STF." São restos a pagar, que a turma da reconstrução distribui como fazia a Casa Civil de Ciro Nogueira. Sem transparência — desconhecidos os patronos das emendas — e autoritariamente, grana somente às paróquias dos amigos dos donos do Parlamento.

Nem Flavio Dino, líder do governo no STF, pôde matar no peito. Declarou que Lula — em cujo governo formava até anteontem, Juscelino Filho como colega — e o Congresso não teriam comprovado "cabalmente" o cumprimento da decisão do Supremo.

A decisão é de 2022. O modelo de 2023, acordado a partir da PEC da Transição, já foi superado. O orçamento secreto é fugaz e camaleônico, vai de fachada em fachada, e — havendo os bilhões — sua dinâmica se adapta a qualquer superfície. O bicho continua. É cabal. Em 2024, evolui sob as emendas de comissão. Dino chegará lá em algum momento.

Lula já chegou. Está feliz com Juscelino, ministro das Comunicações, indiciado em função do uso de dinheiros do orçamento secreto para que a Codevasf, sob gerência apadrinhada, pavimentasse, via empreiteira amiga, estrada que serve a fazenda da família em município cuja prefeita lhe é irmã.

O relator do caso é Dino. Que também está no programa de Lisboa.

LUIZ FUX DESABAFA

28/6/24

Luiz Fux resolveu desabafar sobre o "protagonismo deletério" do Supremo. Foi na sessão em que o tribunal legislou pela descriminalização do porte de maconha para uso pessoal. Aquela jornada em que se usou a balança da Justiça — de alta precisão — para pesar gramas de droga, expostos juízes da corte constitucional, em busca da batida perfeita, ao debate-definição sobre qual seria a gramatura justa.

"Não se podem desconsiderar as críticas de que o Judiciário estaria se ocupando de atribuições próprias dos canais de legítima expressão da vontade popular, reservada apenas aos poderes integrados por mandatários eleitos" — disse o ministro que suspendeu individualmente a implementação de lei, a que instituíra o juiz de garantias, aprovada pelo Parlamento.

"Nós não somos juízes eleitos." São os não eleitos cuja confiança nas próprias luzes lhes autoriza a identificar (forjar) urgências e preencher lacunas sobre as quais a democracia representativa se acovardaria.

"Brasil não tem governo de juízes" — declarou o juiz que esteve longamente sentado sobre liminar que garantia o pagamento de auxílio-moradia a magistrados.

"Nós assistimos, cotidianamente, ao Poder Judiciário sendo instado a decidir questões para as quais não dispõe de capacidade institucional". Diante de arguição sobre constitucionalidade de lei, em vez de responder e ponto, expande-se o tribunal para criar critérios-procedimentos. Porque, tão sabedores os seus, não podem admitir que a acusada omissão do Parlamento seja uma posição.

"Essa disfuncionalidade desconhece que o STF não detém o monopólio das respostas e nem é o legítimo oráculo para todos os dilemas morais, políticos e econômicos da nação." Nesse momento, lamentei não haver o diretor de imagens da TV Justiça nos mostrado o ministro Barroso.

Fux lastima que o Supremo arque com o "preço social" de decidir sobre o que não lhe cabe. Haveria espécie de armadilha contra o tribunal, manipulando-lhe a natureza contra-majoritária. Como se o STF fosse obrigado a entrar na arapuca, compulsória a prática proativa. Como se não houvesse o voto de Fachin (pela descriminalização), exemplar da expressão comedida que se espera da corte constitucional.

"Nós não temos de fazer pesquisa de opinião pública". Correto. "Nós temos que aferir o sentimento constitucional do povo". Ele adora esse conceito. O sentir jurídico — dos intérpretes da massa — pela construção da cidadania. Né? Melhor fazer pesquisa de opinião.

"Quanto mais as nossas decisões se aproximam do sentimento constitucional do povo, mais efetividade terão as nossas decisões" — falou o juiz, leitor do povo, que nem sequer a própria cadeira afasta.

MÚMIA FISCAL
5/7/24

Fernando Haddad diz que Lula mandou preservar o arcabouço fiscal. Mandou preservar um corpo morto. Natimorto. A ver qual a melhor modalidade de manutenção para o presunto; também para anular o cheiro podre de matéria em decomposição faz tempo. Mumificação? Qualquer uma que ajude o projeto de empurrar a fatura para 2027.

O natimorto "será preservado a todo custo". É caro embalsamar? Talvez entre na categoria lulofiscalista do gasto "necessário". O presidente reafirmou o seu empenho pelo equilíbrio das contas públicas nestes termos: "A gente aplica o dinheiro que é necessário. Gasta com educação e saúde o que é necessário. Mas a gente não joga dinheiro fora. Responsabilidade fiscal não é palavra. É compromisso desse governo desde 2003 e a gente manterá à risca."

Bastou. Deixa quieto. A semana foi dura. O dólar, abusado. Ninguém — entre os conspiradores contra a moeda nacional — quis se agastar com reflexões sobre a relatividade infinita do conceito de "aplicar o dinheiro que é necessário". O endividamento público a quase 76% do PIB.

O presidente mandou preservar a carne vilipendiada anunciando corte em despesas da ordem de quase R$26 bilhões. Em 2025. Promessa-puxadinho, para efeito paliativo, produto de pente-fino em programas sociais e benefícios previdenciários. Varredura empreendida sob cobrança do TCU. A turma do Planejamento ora dedicada à perseguição de proposta de lei orçamentária "sustentável".

Urgente rever gastos. Depois do ano eleitoral. A mumificação do futuro muito longe de atender a demanda que o mundo real imporá. E imporá ainda em 2024. À parte a forma que inventarão para maquiar a realidade, a necessidade de bloqueios orçamentários, neste ano, a ser maior do que o volume de cortes prometidos para o que vem.

"Cumpra-se o arcabouço fiscal. Não há discussão a respeito" — bradou Haddad.

Há, sim. O arcabouço fiscal já não é cumprido. Já não foi. Nunca viável. Adulterou-se a meta fiscal — rolada adiante — para folgar. (E não será pessimista a previsão segundo a qual, mesmo com esse refolgo, o objetivo fiscal continuaria infactível.) Que o ministro então lance a cousa no tempo correto: cumpra-se o arcabouço fiscal doravante. E acredite quem quiser.

Temos memória. Pedalou-se, em abril, para antecipar a fabricação de dinheiros, o Congresso alterando facilmente dispositivo da regra para adiantar a ampliação de despesas do governo, independentemente de projeções orçamentárias.

Foi pelo "necessário". Entre outras coisas, num acordo, para recompor a base bilionária das emendas parlamentares de comissão. A nova fachada do orçamento secreto. Ninguém em Brasília acha que joga dinheiro fora.

FINADO EXAUSTO

19/7/24

O arcabouço fiscal — presunto difícil de carregar — foi criado pelo governo Lula. Idem a ficção-base do Orçamento. As metas fiscais — inclusive as já adulteradas, vilipendiado o corpo natimorto — são fabulações do governo Lula. De modo que: o governo Lula terá inventado — faz parecer herança — um problema para si. Culpa, porém, de quem lhe cobra — o maldito mercado, a mídia vendida — o cumprimento do contratado.

"Você não é obrigado a estabelecer uma meta e cumpri-la, se você tiver coisas mais importantes para fazer" — disse o presidente; que tem, segundo Alexandre Padilha, "compromisso fiscal inegociável".

Não mente o ministro. "Compromisso fiscal inegociável" pode ser com o incremento da arrecadação. Já não bastou.

Tampouco mente Lula. Ninguém é obrigado a estabelecer meta. Nem a cumpri-la. Se estabelece e não cumpre, haverá custo. Pagará o mais pobre; aquele que, tendo dinheiro sobrante, "compra comida e não dólar" — como se o dólar, mastigando o real, não encorpasse o preço do trigo e encarecesse a migalha do pão.

Todo mundo tem coisas mais importantes a fazer do que exercitar a responsabilidade fiscal. O presidente aprecia cultivar o dilema entre gasto e investimento. Ele pergunta: o patrão que dá aumento a jornalista gasta ou investe? Gasta. Talvez faça investimento. Sempre gasto. Não raro mau gasto.

Gastos, incluídos os bons, montam dívida. Que afronta a meta. Que está no finado arcabouço. Que foi improvisado por este governo.

Para que seja considerado zero o déficit de 2024, a regra permite buraco de até R$28,8 bilhões. Para que seja cumprido o objetivo de se acomodar no piso da banda inferior, Lula determinou bloqueio e contingenciamento de R$15 bilhões. Será preciso muito mais, talvez mais que o dobro, se mantida for mesmo a meta para este ano.

As metas fiscais de 25 e 26 já foram alteradas, donde o vilipêndio — quando se mexe num morto. Em abril deste 24, pedalou-se para antecipar a fabricação de grana e rolar a imposição do mundo real, Planalto e Congresso concertados pela mudança fácil num dispositivo do natimorto fiscal. Vilipêndio. Ainda se enrola e rola o corpo, morto muito louco — a ver até quando terá forma para morrer tantas vezes.

Haddad informa que o presidente autorizou estudos para corte de quase R$26 bilhões no Orçamento de 2025. Cosquinha ante o que será a necessidade real. Cosquinha a ser alcançada (ode à fé) contando os tostões da varredura sobre fraudes/erros em pagamentos de benefícios previdenciários. Exercício — pela repetição da meta zero no ano que vem — que a ministra do Planejamento chamou de "ginástica um pouco difícil". Exausto o finado.

LIRA NÃO FAZ PIX

22/7/24

Arthur Lira tomou gosto pela aclamação. Não aprecia concorrência. Eleição franca no condomínio produz riscos. "Nunca é bom." Ele quer dirigir, esvaziar (como fez às comissões), a própria sucessão. Construir "tranquilidade para a Câmara". Para si.

À Coluna do *Estadão*, Elmar Nascimento, na dúvida sobre se poderá ser aclamado, divulgou o lema de sua candidatura: "Palavra dada é palavra cumprida".

Sabe pelo que peleja e a quem fala. Concorre — não à sucessão de Lira — a lhe ser o sucessor. É um perfil. Vale o pacto corporativista. Ganha quem tiver mais coragem de bancar esculachos como a PEC da Anistia.

O corajoso referencial Lira, aquele em cuja gestão o orçamento secreto foi institucionalizado, deu entrevista ao *Globo*. Questionado sobre o autoritarismo com que opera a distribuição de emendas parlamentares, abriu o coração:

"Talvez aqui os meus amigos não gostem, mas sou muito crítico... E eu defendo as emendas. Mas eu não uso o Pix."

Defende a forma de sua própria existência concentradora; o modelo que aperfeiçoou e com o que — bom para os amigos também — impera: a disfunção à República por meio da qual os senhores do Parlamento controlam fundos orçamentários crescentes. Donde a autonomia pervertida fundadora desse parlamentarismo sem responsabilidades.

"Mas eu não uso o Pix."

Diz o pai — fez para as crianças — da modalidade de emenda com a qual dinheiros públicos são disparados a municípios e estados sem o mais mínimo vínculo a aplicação específica. A grana apadrinhada chega, rapidamente, à ponta — e lá é gasta como se quiser.

"Mas eu não uso o Pix, porque acho que o Pix vai ter que ser aprimorado agora para ter o objeto."

Lira, cuja marca do poder é a altivez via orçamento secreto, ora militando por transparência e eficiência — para que bilhões despejados Brasil adentro sejam atrelados a uma licitação ou obra em curso. Presidente da Câmara desde 2021, o patriota propõe o aperfeiçoamento do bicho a poucos meses de passar a cadeira.

"De onde nasceu a emenda Pix? Da burocracia do governo. A turma fez uma emenda de transferência direta."

A turma, essa indeterminação... A emenda Pix, evolução natural do orçamento secreto, admitida como nova reação aos filtros exigentes de que empenhos tenham origem e destino conhecidos.

"Podemos avançar? Podemos. Vamos fazer a emenda Pix com um objeto determinado. Então, ela vai para a construção de uma ponte, para a construção de uma escola, de um sistema de água."

Ousado! Avançar para fazer a emenda Pix — vão-se os anéis, ficam as codevasfs — regredir à condição já acomodada de orçamento secreto. O bagulho ficara excessivo mesmo. E o Parlamento é conservador.

PARTE
11

SUBSÍDIOS AO OTIMISTA

26/7/24

Saiu o terceiro Relatório de Acompanhamento de Receitas e Despesas Primárias. Já notícia velha. Atual — permanente — será a apreensão sobre o futuro da meta fiscal para 2024. Os números dão materialidade à descrença. Há os otimistas. (Há os espertos operadores do otimismo.) Há também os dados do mundo real: a arrecadação foi revisada para baixo, reduzida em quase R$6,5 bilhões; e as despesas aumentaram em R$20,7 bilhões.

Noutras palavras: frustração de receitas e gastos crescentes. Assim jaz, natimorto e ora exposto, o corpo do arcabouço fiscal. A Fazenda arrecadadora cuja fome de leão não consegue acompanhar o ritmo dos dispêndios.

O mundo real se impondo. O pacote de bloqueio e contingenciamento — a R$15 bilhões — ainda mui longe, talvez mesmo antes da metade, do que será necessário; na hipótese de que mantida mesmo a meta para este ano. (Em abril, vilipendiou-se o presunto da regra fiscal para fabricar grana e ampliar a borda de gastos.) A meta está mantida.

A meta é zero, mirado, no entanto, o chão da banda inferior. Teríamos déficit zero — formalmente zero — com déficit de R$28,8 bilhões. É neste lugar, sem margem, que estamos. Ao fim de julho de 2024. Tudo bem? O governo só agora avaliando que as contas fecharão no vermelho. Avaliará como em setembro?

(A *Folha* informou que os R$15 bilhões bloqueados-contingenciados virão de escolha sobre cardápio enxuto, de R$65 bilhões ainda livres — o que terá sobrado do total de dinheiros não empenhados de despesas discricionárias. Sobrará quanto, mais adiante, quando for necessário conter mais gastos?)

Seria o caso de reconsiderar o acusado mau humor do tal mercado para com este Dilma III, se a rapaziada reage, como se anestesiada, à projeção de déficit já acomodado no limite máximo inferior — espaço de tolerância que existe para absorver eventuais imprevistos-choques, ora pervertido em campo para a maquiagem da incapacidade-indisposição de o governo cumprir a meta que estabeleceu.

Os gastos obrigatórios dispararam. As despesas estão descontroladas. Autorizado o cronista a crer que as contas da Fazenda são conservadoras. O buraco, maior. Os meios de rebater a mordida, insuficientes.

Enquanto não se resolve como será compensada a desoneração das folhas de pagamento, interditado rever gastos tributários (benefícios a ricos) neste país, a grande aposta arrecadatória do governo entregou nenhum tostão furado. Contava-se — está previsto no Orçamento — com cerca de R$55 bilhões provenientes da nova forma de desempate em julgamentos no Carf. O relatório ajustou o número para menos de R$38 bilhões. Até agora, repita-se: nada entrou.

Fé.

SE LIGA, DINO

29/7/24

Flavio Dino tem dúvidas sobre se o orçamento secreto acabou. Mesmo o Ministério do Planejamento lhe informando que remessas via RP2 "dispensam quaisquer identificações da origem de emendamento".

O informe a lhe expor a natureza do drible; e ele incerto ainda sobre se os parlamentares pararam de remeter fundos orçamentários opaca e autoritariamente a suas paroquias. Não haveria, eis a prudência, "a comprovação cabal do pleno cumprimento" do que o tribunal decidira em dezembro de 2022. Marcou audiência a respeito para 1o de agosto.

Será o caso de ajudá-lo. Seria, antes, o de lhe perguntar onde esteve nos últimos dois anos. Em boa parte do tempo, ministro do governo que pactuaria pela continuação — aula de transição — do esquema.

Nunca acabou. Comprovado cabalmente o pleno descumprimento da determinação do Supremo. O tribunal proibira o uso pervertido da emenda do relator — e nem isso foi obedecido. Ainda há pouco liberados restos a pagar da modalidade original do orçamento secreto. Que permanece e se desenvolve. Está aí a emenda Pix.

Está aí a Codevasf. Vencido o capeta, vitoriosa a democracia, a companhia a pavimentar sob os mesmos donos, no mesmo ritmo. De Bolsonaro a Lula, a estabilidade para o desenvolvimento da engenharia imperial de Arthur Lira e sócios.

Dino não viu. Ou não quis ver. Via — prometera enfrentar o bicho — quando candidato ao Senado. Ministro da Justiça, disse que não era com ele. Herdeiro do espólio de Rosa Weber, está provocado a tentar ver. Que se faça a luz.

Quando a corte interditou o uso viciado da emenda do relator, um dos objetivos do período de transição passou a ser encontrar outra superfície para a dinâmica do orçamento secreto — mecanismo que se adapta, só precisando de fachada atrás da qual se acomodar.

Essa busca uniu o novo governo e o Congresso, e condicionaria as constituições da PEC da Transição e da LOA de 2023. A solução foi operar via RP2, as emendas tendo os padrinhos escondidos sob as asas dos ministérios. Não funcionou a contento. O governo tentava interferir nas destinações. Lira estrilaria.

Para 2024, investiu-se nas emendas de comissão, que compõem fundo eleitoral paralelo, para cujo melhor aproveitamento se firmaria acordo por calendário informal de distribuição dos dinheiros. Lembre-se: em troca da recomposição de parte dos bilhões que Lula vetara às emendas de comissão, o Congresso autorizou, em abril, o afrouxamento do arcabouço fiscal.

O orçamento secreto já na terceira geração, institucionalizada a violação dos princípios constitucionais da publicidade e da eficiência no gasto público, minada a paridade de armas em disputas eleitorais.

Se liga.

DINO LIGADO

2/8/24

É muito bom — nostálgico — quando o Supremo exerce o controle de constitucionalidade. Foi o que fez Flavio Dino sobre o orçamento secreto. Emocionante. Histórico. Lembrados nós de que há movimento no STF para além dos convescotes político-empresariais e da gestão xandônica de inquéritos onipresentes e infinitos.

Assim estamos; a celebrar que tribunal cumpra eventualmente a sua função elementar. Cumpriu. A ver se pega. Os donos do Congresso já resolveram não obedecer uma vez — nem a lista completa dos padrinhos de emendas do relator apresentaram. O ministro mandou mostrar. Mostrarão? Liberados ainda restos a pagar dos tempos do sete-peles. Cessará a prática?

O orçamento secreto — minando os princípios da administração pública — dilapida a República em várias frentes: sua engenharia precisa de planejamento inexistente e de opacidade absoluta; e sua atividade promove desigualdade político-eleitoral e as condições ideais à corrupção.

Consiste na privatização autoritária, para distribuição sem transparência, de dinheiros públicos. Motor dessa espécie de parlamentarismo orçamentário, em que o primeiro-ministro exerce o poder advindo de controlar o cofre sem ser responsabilizado pela manipulação espúria do tesouro. Um imperador.

Dino não veio para conciliar, embora chamasse às partes a uma audiência de conciliação. Avança-se já para dois anos de afronta autoritária ao artigo 37 da Constituição. Quase dois anos desde que um acordo entre Parlamento e governo Lula formalizou a burla à decisão do STF — que interditara o uso pervertido das emendas do relator — e assegurou a continuação do esquema iniciado sob Bolsonaro.

Fingir não ver é forma brasileira de conciliação. Deu nas emendas Pix, a quarta geração do bicho.

Ao dizer que o objetivo do encontro era o fim prático do orçamento secreto, o ministro admitiu que a Corte constitucional fora esculachada longamente. Daí ter aplicado a "continuidade normativa" para determinar que a decisão do STF sobre o uso viciado da emenda do relator, de dezembro de 2022, tivesse finalmente efeito sobre quaisquer outras modalidades do orçamento secreto. A superfície explorada hoje, a fachada atual, é a da emenda de comissão.

"Ah! Mas Dino favorece Lula." Não importa que o conjunto de providências para fazer parar o sistema resulte, como consequência, em benefício ao governo e prejuízo aos planos de Lira etc., se prejudicado vai projeto dependente da gestão devassa de fundos orçamentários. O certo é o certo.

Se o expediente é inconstitucional, o Supremo — provocado — tem de agir. Chama-se — lembra? — controle de constitucionalidade. Por onde andava você? Saudade. Veio para ficar?

O SUPREMO DE VOLTA PARA O FUTURO

5/8/24

O Supremo declarou, na última quinta, a inconstitucionalidade da PEC Kamikaze, de 2022 — aprovada três meses antes das eleições daquele ano. Para ter efeito nas eleições daquele ano. Efeito desestabilizador.

Declarada, só em agosto de 2024, a sua inconstitucionalidade. Dois anos depois. Não é piada. Quase dois anos depois de a medida atentar, concentradamente, contra a paridade de armas na disputa eleitoral. (Atentado também em prol das forças do Lirão.)

Não é piada. Inconstitucional, declaração de 2024, a emenda à Constituição por meio da qual os brasileiros financiaram a tentativa de reeleição de Bolsonaro em 22 — derrama de mais de R$40 bilhões em benefícios e auxílios sociais. (Dinheiros a privilegiar também os escolhidos dos donos do Congresso.) Agora, finalmente: inconstitucional!

Não é piada. É declaração de incompetência. Do tribunal. Não decidiu a tempo. Incapaz de dar respostas na velocidade exigida pelo ardil. Incapaz de fazer cessar os efeitos de intervenção que golpeava lei eleitoral e regras fiscais. Incapaz de reagir à fábrica de estados emergenciais forjadores de bilhões.

Incapaz será impreciso. A ação do Partido Novo contra o troço fora apresentada quatro dias após a promulgação. A inconstitucionalidade, multifacetada, desde sempre óbvia. E o STF deixaria passar, deixando prosperar interesses inconstitucionais do Parlamento. (O PT votou a favor da PEC.)

Leio que, apesar do atraso, o tribunal tomou a decisão correta. Em 2024. Decisão correta — sobre matéria com impactos todos em 22 — é decisão inócua. Justiça que falhou. Não existe "apesar do atraso". Esse é o pesar absoluto. Tenhamos vergonha. A emenda 123/22, provocado o Supremo, era objeto elementar para o controle de constitucionalidade. E o Supremo faltou.

Falta ainda agora, se compreende assim a sua tardia declaração de inconstitucionalidade: "pronunciamento enfático de dimensão profilática". Oi!?

Não é função de Corte constitucional dar recados. Prevenção é formalizar o não. Aquela emenda patrocinou a desigualdade — e o tribunal foi enfático na sua omissão objetiva. Esse foi o pronunciamento. Essa, a dimensão. Atenuante-estimulante para que a turma ficasse à vontade quando surgisse — logo depois — a PEC da Transição.

A PEC Kamikaze, de Bolsonaro (e Lira), é mãe da PEC da Transição, de Lula (e Lira). Ao não travar a primeira, o Supremo garantiu a segunda. Por que não garantiria a terceira? Este governo tentará, em 2026. A profilaxia do STF a não produzir qualquer punição para os envolvidos, mesmo dois anos depois. Só espuma; espuma com ênfase.

"Valeu uma vez. Não valerá mais" — quer comunicar o tribunal. Está entendido.

DIREITO ADQUIRIDO

9/8/24

Flavio Dino decidiu — com atraso — tomar providências contra o orçamento secreto e seu mais sofisticado desenvolvimento, a emenda Pix. Os imperadores do Congresso não gostaram. O poder anômalo de Arthur Lira, Davi Alcolumbre e seus elmares deriva da forma opaca e autoritária como dispõem de fundos orçamentários.

Natural que reagissem. Em várias frentes. Numa delas, o presidente da Comissão Mista de Orçamento, Júlio Arcoverde, informou que não votará a Lei de Diretrizes Orçamentárias de 2025 neste agosto. Só depois das eleições. Arcoverde é do PP do Piauí. É Lira e Ciro Nogueira.

O governo tem de enviar a proposta de Lei Orçamentária até 31 de agosto. Tudo o mais constante, fá-lo-á sem as balizas da LDO. Não se trata apenas de retaliação a Lula — que os donos do Parlamento consideram manobrar por meio de Dino. Retalia-se a constituição do Orçamento da União, donde o planejamento estatal, de modo a ganhar tempo; para que se possa formular-negociar de que maneira será novamente burlada uma determinação do Supremo sobre o orçamento secreto.

O Congresso não abrirá mão do controle dos dinheiros. A vir nova superfície para abrigar o dínamo.

Na melhor hipótese para o Lirão, cria-se a já aventada emenda dos líderes de bancada — a ser o paraíso dos proprietários de partidos, o estado da arte para a engenharia de apropriação patrimonialista de fundos orçamentários contra a eficiência nos gastos públicos e a igualdade em disputas eleitorais. Na pior, deposita-se boa parte dos bilhões sob as emendas individuais e se estabelece o tal calendário para amarrar os pagamentos ao relógio paroquial da vereança federal.

O sindicalista Arcoverde é transparente: "Não se pode perder nenhum direito adquirido de nenhum parlamentar em relação às emendas". Direito adquirido, minha gente! O deputado tratando o assalto a uma penca de princípios constitucionais como se garantia definitivamente incorporada ao patrimônio político dos parlamentares; como se o ministro Dino lhes tivesse confiscado a poupança-previdência.

E não é?

Mais: "Transparência dá até para discutir sempre". A concessão que nos faz, disposto a admitir alguma transparência, decerto crente na existência de meia transparência. Quem sabe aceite dar objeto às emendas Pix? Pai Lira já deu a letra.

A letra do senador Ângelo Coronel, relator-geral do próximo Orçamento e guerreiro do povo legislador: "Conquistas terminam virando cláusulas pétreas." O ousado trata como cláusula pétrea aquilo que um advento inconstitucional assegura. "Só se perde [a conquista] sob lança nas costas ou sob tortura."

Às armas, cidadãos! Uma jornada mesmo épica. Marchons! Marchons!

COVARDIA

15/8/24

É muito constrangedora a mobilização da República em defesa de Alexandre de Moraes, como se o ministro fosse o Estado de Direito. Paralisou-se sessão da Corte constitucional para desagravos, inclusive do procurador-geral, que talvez, um dia, precise investigar o evento.

O tribunal deu as mãos a Moraes e se uniu. Fechou-se mesmo, como se quem faz a crítica estivesse operando contra a democracia. Como se o ministro fosse a democracia; como se o governo Lula fosse a democracia. Não se pode criticar porque assim se trabalharia pela volta de Bolsonaro ao Planalto ou por sua reabilitação eleitoral.

Trata-se de argumento covarde, safado, cretino, canalha. De que criticar autoritarismo na gestão de processos seria fazer serviço para outro fim que não a defesa da legalidade.

Joga a favor de Bolsonaro e do golpismo quem toca os processos concentrando os poderes de delegado, promotor e juiz. Joga a favor de Bolsonaro, alimentando seus bate-paus, quem simula atos formais para esquentar-chancelar decisões cautelares graves.

Há um governo de turno. Há um Supremo atuante e expandido. É preciso fiscalizá-los. O jornalismo está sujeito a erros. Mas não pode ter medo. O certo é o certo. Esse episódio revelado pela *Folha de S. Paulo* merece atenção e aprofundamento. Não basta o ministro dizer que está tudo bem e que não há gravidade nas conversas reveladas. Não dá para deixar passar como se coisa irrelevante — fofoca etc.

Uma das formas de desqualificar-desviar o debate é defender as práticas do ministro rebatendo espantalhos e problematizando questões que não estão em xeque. Por exemplo: não vi ninguém sério, respeitável, comparando o episódio com os procedimentos da Lava Jato. Não vi, mas vi um monte de gente, inclusive ministro do Supremo, tomando a palavra para proclamar que esse caso nada tem nada a ver com a Lava Jato. E daí?

Não tem mesmo, inclusive pela ausência absoluta de Ministério Público nos trânsitos. Não tem nada a ver com a Lava Jato e, ao mesmo tempo, é grave. Não se precisa de Lava Jato como parâmetro. Basta a história dos inquéritos — onipresentes e infinitos — tocados por Moraes desde 2019. Não nos esqueçamos das censuras, inclusive à revista *Crusoé*. O problema está nesses inquéritos viciados. É óbvio que se chegaria ao que ora se revela.

Não que a Lava Jato não deva ser lembrada. No seguinte sentido: nós precisamos ter aprendido alguma coisa com ela, com a Vaza-Jato; com as consequências de se corromper o devido processo legal.

CONTRA O CONSENSO

16/8/24

Este artigo começa com uma pergunta aos advogados — àqueles que aplaudem os procedimentos de Alexandre de Moraes. Como se sentiriam se — sobre inquérito relativo a um cliente — descobrissem a existência do trânsito a seguir?

O do juiz que ordena, por fora, que o delegado produza relatório sob medida, segundo as suas orientações, donde inscrita a convicção prévia do magistrado sobre o sujeito investigado; para que ele, o juiz, recebendo o laudo, remetido como se peça formulada espontaneamente, robusteça-esquente decisão que apenas formalizará. O policial, porém, informa que nada de criminoso encontrou na pescaria encomendada contra o objeto — o seu cliente, doutor. O juiz então manda que use a criatividade. O delegado responde que dará um jeito. E riem.

Como reagiriam, os advogados, à simulação — contra um seu cliente — de ato formal para legitimar medidas cautelares tais quais apreensão de passaporte e bloqueio de contas bancárias?

É disso que se trata. Forja de provocação artificial.

Falamos do poder de polícia do Tribunal Superior Eleitoral. Ninguém o questiona, embora excêntrico o seu uso num período — o das conversas reveladas pela *Folha* — que vai de agosto de 2022 (ok) até (opa) maio de 23. Ninguém o questiona, apesar de o tribunal se lhe ter valido para acessar dados da polícia de SP. (Não eram acessadas, de acordo com os defensores de Moraes, somente informações públicas em redes sociais?)

Ninguém questiona o poder de polícia do TSE. É falso problema. Em xeque a instrumentalização do poder de polícia do TSE. A forma como usado para dar fachada. Se fosse normal, por que toda a movimentação escamoteada?

Cogitaram — os interlocutores, o Xandão delegado no TSE e o Xandão juiz no STF — a criação de e-mail para ajeitar a farsa sob denúncia anônima. "Através de nossos sistema de alertas e monitoramentos realizados por parceiros deste tribunal, recebemos informações (...)" — assim um juiz-auxiliar do TSE remetia os relatórios ao gabinete do juiz-total, o real sistema de alerta e monitoramento.

Não há problema em o TSE, com seu poder de polícia, produzir relatórios. Há problemas em o TSE, com seu poder de polícia, produzir relatórios de alfaiataria para o corpo do ímpeto persecutório de um juiz. Há problemas na impostura da provocação para aquecer decisão já tomada. Há problemas numa decisão já tomada pedir criatividade policial para se lavar.

Há problemas na constituição do tal setor de combate à desinformação do TSE. Para que terá sido criado? Para exercer o poder de polícia biombo e dissimular a prática do juiz que é também investigador e acusador? Há problemas. Por que a pressa em impor o consenso de que problemas não há?

POTENCIAL TRÁGICO

19/8/24

O problema nunca foi o poder de polícia do TSE. Sempre a compreensão-uso absolutista desse poder — um órgão do tribunal acessando até informações da polícia de São Paulo.

O problema que os diálogos entre Xandão do STF e Xandão do TSE expõe: o poder de polícia do tribunal manipulado, feito fachada, para produzir e esquentar relatórios conforme a ordem-intenção do verdadeiro delegado, também promotor e julgador.

Poucos colunistas parecem dispostos a lidar com a questão que o mundo real impõe: o juiz que manda delegado ser criativo na formulação de laudo que ele próprio, juiz, encomendara — por fora — para robustecer-aquecer a decisão pré-determinada que apenas formalizará. Preferem se acomodar numa espécie constrangedora de "tudo bem" escapista: ninguém teria dado ordem que não pudesse dar.

Traduz-se a construção assim: ninguém teria corrompido o processo a ponto de não poder condenar Bolsonaro e seus golpistas. Calma, pessoal: há um estoque de crimes cometidos pelo capeta. Não é necessário o cultivo desse estado de vigília artificial — o *8 de janeiro permanente* — legitimador de atropelos.

Lembro do argumento-justificador de que Alexandre de Moraes arrepiava porque o PGR era um omisso. Aras se foi, veio o Xandão titular da ação penal, e — claro — o gênio não voltou para a lâmpada. Ninguém quer falar disso.

A turma fica mais confortável para engrossar e combater outro espantalho: o da comparação do episódio divulgado pela *Folha* com o que a Vaza-Jato revelara. Ninguém sério a fez. Têm nada a ver mesmo. (Inclusive pela ausência de Ministério Público nas gestões xandônicas.) A rapaziada, porém, correndo para decretar que coisa alguma jamais poderá se aproximar da gravidade da corrupção ao devido processo legal da Lava Jato. O Xandão que, vítima na origem, investiga, acusa e julga sendo putrefação menor.

Importante hoje, problema brasileiro de verdade, seria o orçamento secreto — cravam. Onde estavam, em 2022, quando Congresso e futuro governo Lula pactuaram pela manutenção do esquema, acordo lavrado na LOA de 23 e encarnado na PEC da Transição?

Éramos poucos os que denunciavam a burla à decisão do STF pela continuação do arranjo, hoje já em sua terceira geração. Tenho certeza de que aquela negligência não foi produto de afetos; a perversão do parlamentarismo orçamentário, de súbito menos urgente, se compondo com a volta do petismo ao poder.

Não que a debacle da Lava Jato não tenha lições a dar. Corruptos ou golpistas, a degradação dos meios os beneficiará cedo ou tarde.

Houvesse PGR e menos pressa e adulação, a criação da Assessoria Especial de Enfrentamento à Desinformação e suas práticas já teriam sido investigadas.

O SUPREMO PÕE A MESA

23/8/24

O Supremo decide e vai à mesa. O tribunal constitucional cujas determinações servem à acomodação posterior.

Uma decisão impecável — como a de Flavio Dino sobre a corrupção das emendas parlamentares, chancelada em plenário — convertida em corda esticada a que tratativas de ordem política produzam-distribuam concessões e conchavos.

É o STF quem cede. Que cede. O vício do descomedimento a multiplicar senadores togados — uma manifestação primorosa sob a desconfiança de ser obra de líder do governo no STF.

A Corte que decide para então sentar e conversar — e pactuar. Recuar. Afrouxar. Lavar as mãos.

Nada muda. Talvez mesmo piore. Mais emendas impositivas? Sempre se pode constitucionalizar desequilíbrio adicional à República, aos poucos incorporado o parlamentarismo orçamentário.

A decisão firme, nos autos, no entanto pautadora de acordo, que gerou nota, uma carta de intenções — acordo que enfraquecerá o formalmente decidido.

Declara a nota: "firmou-se o consenso de que as emendas parlamentares deverão respeitar critérios de transparência, rastreabilidade e correção".

Esse consenso foi firmado pela Constituição, sob os princípios que fundamentariam as disposições de Dino. Princípios que, materializados em decisões do Supremo em 2021 e 22, Parlamento — sob Lira e Pacheco — e governo (Bolsonaro e Lula) já desrespeitaram. A mesa está posta, pelo STF, para que os desrespeitem novamente.

O Supremo decide — exerce o controle de constitucionalidade — e convida para o almoço. Decide e subordina sua atividade à linguagem da conciliação circunstancial. Adotada a inversão de valores, só se enfraquece.

O exercício do controle de constitucionalidade a serviço da negociação política. Do controle de conveniência. O problema maior não estando na formação de 2x1; em o STF compor com (para) os interesses do governo; em criar melhores condições para uma parte comerciar.

O Supremo agente político que se enfraquece é o que terá — já tem — suas decisões burladas.

O grande lance, o que importa ao Lirão, é a garantia de manutenção de seus fundos orçamentários e a transição-evolução das emendas de comissão, superfície corrente para a dinâmica do orçamento secreto. A carta-retrocesso não fala, por exemplo, em identificação dos padrinhos das emendas.

O acordo estabelece que Parlamento e Planalto se acertem — o Supremo abençoa. Têm se acertado desde 22. Aceita-se entregar os anéis das emendas Pix dando-lhes objeto.

Depois do almoço, feita a cama para o arranjo-partilha que encontrará, no corpo da LDO ainda aberta, a nova superfície — ou a superfície adaptada — para que a operação do orçamento secreto, ininterrupta desde 2019, continue em 25.

Vem PEC aí.

XANDÃO CENSOR

30/8/24

A *Folha* tentou entrevistar Filipe Martins e foi proibida por Alexandre de Moraes. Censura prévia. Esqueça Martins e as certezas sobre o ex-assessor de Bolsonaro. A entrevista foi censurada previamente. O Supremo formulando novas restrições à liberdade de imprensa.

Não importa quem seria o entrevistado; tampouco as investigações que correm contra ele. Importa que um jornal está impedido de ouvir sujeito em nada impedido — se válida a Constituição — de falar à imprensa. Censura. Prévia.

Importa também que Martins esteve preso ilegalmente por meses, documentado — provado bem cedo — que as razões para aquela preventiva não se sustentavam. Prisão que Moraes manteve, à revelia das provas e da manifestação da PGR. Revogada apenas no começo deste agosto, impostas medidas cautelares.

Moraes censurou previamente a entrevista alegando que a atividade violaria uma das cautelares — Martins não pode se comunicar com os outros investigados. A entrevista seria forma de comunicação, donde — segundo o pensamento censor (e criativo, né?) do ministro — inconveniente para a investigação criminal.

Caberá tudo em cautelares distorcidas dessa forma. E a cousa se vai admitindo, por conveniência. Afinal, o cara é o mau, associado ao capeta. Merece o sacrifício da liberdade de expressão. Inútil lembrar que os precedentes ficam.

A razão para a censura sempre é virtuosa. Estamos sob estado de vigília, o *8 de janeiro permanente*, todos mobilizados — quase setembro de 2024 — contra o golpismo fascista, autorizado o ministro, encarnação do Estado Democrático de Direito, a defender a democracia por meio de inquéritos onipresentes e infinitos, a sua jurisdição sendo a que ele quiser.

Tudo com a chancela — reafirmada — da Corte constitucional. Aval dado mesmo depois de Moraes haver censurado a revista *Crusoé*.

Foi em nome da virtude, em proteção ao processo eleitoral, que Carmen Lucia, outrora juíza do "cala a boca já morreu" contra a censura prévia a biografias, votou para censurar um filme em outubro de 2022. A "inibição" seria só por uns dias, até depois do segundo turno. Para evitar o risco da desinformação contra a eleição. Foi no TSE; o tribunal cujo poder de polícia Moraes instrumentalizou para camuflar a sua condição de juiz total.

Foi para evitar a ameaça de desinformação — sempre pela virtude — que, em setembro de 2018, mui próxima a eleição presidencial, Luiz Fux censurou previamente entrevista com o então preso Lula. Um escândalo. E a decisão logo seria revertida. Fux acatara demanda do Partido Novo, ora decerto indignadíssimo contra a censura à entrevista com Martins. Censura a respeito da qual prevalece o silêncio.

AGRADECIMENTOS

Este livro não existiria sem o estímulo de meu fraterno amigo Deonísio da Silva. Tampouco sem a leitura de Duda Costa, a melhor editora com quem já trabalhei, amiga que os livros me deram.

As direções de *O Globo* e *O Estado de S. Paulo* foram generosas, sempre parceiras, ao liberar os textos reunidos neste volume. Obrigado.

Este livro é devido à inspiração do amor de Manuela e Carolina.

CRÉDITOS

Publicados em O *Globo*

Mano Brown 2022, *O Globo*, Primeiro Caderno, 1 – Nacional, p. 3

A transição do orçamento secreto, *O Globo*, Primeiro Caderno 1 – Nacional, p. 3

Expectativas, *O Globo*, Primeiro Caderno 1 – Nacional, p. 3

Bodão, *O Globo*, Primeiro Caderno 1 – Nacional, p. 3

E O Orçamento Secreto?, *O Globo*, Primeiro Caderno 1 – Nacional, p. 3

Barão Ciro Castro Alcolumbre, *O Globo*, Primeiro Caderno 1– Nacional, p. 3

Agradamentos alcolúmbricos, *O Globo*, Primeiro Caderno 1– Nacional, p. 3

Orçamento Secreto: a resolução de Lira e Pacheco para enganar o Supremo, *O Globo*, Primeiro Caderno 1– Nacional, p. 3

A PEC do Orçamento Secreto, *O Globo*, Primeiro Caderno 1– Nacional, p. 3

O orçamento secreto continua, *O Globo*, Primeiro Caderno 1– Nacional, p. 3

Festas, *O Globo*, Primeiro Caderno 1– Nacional, p. 3

Esquinas obscuras do Brasil, *O Globo*, Primeiro Caderno 1– Nacional, p. 3

A pauta adormecida do Supremo só produz insônia, *O Globo*, Primeiro Caderno 1– Nacional, p. 3

Lira lá, *O Globo*, Primeiro Caderno 1– Nacional, p. 3

A multiplicação dos facilitadores, *O Globo*, Primeiro Caderno 1– Nacional, p. 3

Os afetos do Banco Central, *O Globo*, Primeiro Caderno 1– Nacional, p. 3

Um problema a menos, *O Globo*, Primeiro Caderno 1– Nacional, p. 3

A República de Elmar, *O Globo*, Primeiro Caderno 1– Nacional, p. 3

A grande família Codevasf, *O Globo*, Primeiro Caderno 1– Nacional, p. 3

Como Juscelino Filho ainda é ministro, *O Globo*, Primeiro Caderno 1– Nacional, p. 3

Os ministros de Alcolumbre no governo Lula, *O Globo*, Primeiro Caderno 1– Nacional, p. 3

Diamantes vitalícios, *O Globo*, Primeiro Caderno 1– Nacional, p. 3

Lula de Lira, *O Globo*, Primeiro Caderno 1– Nacional, p. 3

Federação de patrimonialismos, *O Globo*, Primeiro Caderno 1– Nacional, p. 3

Arcabouço é esqueleto, *O Globo*, Primeiro Caderno 1– Nacional, p. 3

Lira contra a República, *O Globo*, Primeiro Caderno 1– Nacional, p. 3

O céu de brigadeiro de Haddad, *O Globo*, Primeiro Caderno 1– Nacional, p. 3

New Kids on the Block, *O Globo*, Primeiro Caderno 1– Nacional, p. 3

Será que concordo com Lira, *O Globo*, Primeiro Caderno 1– Nacional, p. 3

União Brasil, biópsia, *O Globo*, Primeiro Caderno 1– Nacional, p. 3

Alguém pagará mais, *O Globo*, Primeiro Caderno 1– Nacional, p. 3

Cooperativa de políticos, *O Globo*, Primeiro Caderno 1– Nacional, p. 3

Maltrata Quem Te Adora, *O Globo*, Primeiro Caderno 1– Nacional, p. 3

Base parlamentar episódica, *O Globo*, Primeiro Caderno 1– Nacional, p. 3

Glossário Lira, *O Globo*, Primeiro Caderno 1– Nacional, p. 3

O mal-estar do Direito, *O Globo*, Primeiro Caderno 1– Nacional, p. 3

Elmendas, *O Globo*, Primeiro Caderno 1– Nacional, p. 3

Codevasfização, *O Globo*, Primeiro Caderno 1– Nacional, p. 3

Juiz de garantias no Supremo, *O Globo*, Primeiro Caderno 1– Nacional, p. 3

Mais Carros, Minha Vida *O Globo*, Primeiro Caderno 1– Nacional, p. 3

E depois de Zanin?, *O Globo*, Primeiro Caderno 1– Nacional, p. 3

O combustível está acabando, *O Globo*, Primeiro Caderno 1– Nacional, p. 3

Desdenunciando, *O Globo*, Primeiro Caderno 1– Nacional, p. 3

União pela porteira fechada, *O Globo*, Primeiro Caderno 1– Nacional, p. 3

Estreitos colaboradores, *O Globo*, Primeiro Caderno 1– Nacional, p. 3

Alcolumbre recebe Zanin no clube, *O Globo*, Primeiro Caderno 1– Nacional, p. 3

Arthur, *O Globo*, Primeiro Caderno 1– Nacional, p. 3

Valor absoluto, *O Globo*, Primeiro Caderno 1– Nacional, p. 3

A reforma dos estadistas, *O Globo*, Primeiro Caderno 1– Nacional, p. 3

Emendas e emendas, *O Globo*, Primeiro Caderno 1– Nacional, p. 3

Papo reto, *O Globo*, Primeiro Caderno 1– Nacional, p. 3

Bom ambiente, *O Globo*, Primeiro Caderno 1– Nacional, p. 3

Imprescindibilidade artificial, *O Globo*, Primeiro Caderno 1– Nacional, p. 3

Catadão, *O Globo*, Primeiro Caderno 1– Nacional, p. 3

Mimado Lira, *O Globo*, Primeiro Caderno 1-Nacional, p. 3

Com todas as vênias, *O Globo*, Primeiro Caderno 1– Nacional, p. 3

O futuro a Deus pertence, *O Globo*, Primeiro Caderno 1– Nacional, p. 3

Anistia para Dias Toffoli, *O Globo*, Primeiro Caderno 1– Nacional, p. 3

Adevogados, *O Globo*, Primeiro Caderno 1– Nacional, p. 3

Fufuquismo cultural, *O Globo*, Primeiro Caderno 1– Nacional, p. 3

Barroso presidente, *O Globo*, Primeiro Caderno 1– Nacional, p. 3

Supremos senadores, *O Globo*, Primeiro Caderno 1– Nacional, p. 3

O Lirão Distribui os chocolates, *O Globo*, Primeiro Caderno 1– Nacional, p. 3

Fazuele, *O Globo*, Primeiro Caderno 1– Nacional, p. 3

Lula despachante de Lira, *O Globo*, Primeiro Caderno 1– Nacional, p. 3

Um Xandão para chamar de seu, *O Globo*, Primeiro Caderno 1– Nacional, p. 3

Veneno, *O Globo*, Primeiro Caderno 1– Nacional, p. 3

Lirão autossuficiente, *O Globo*, Primeiro Caderno 1– Nacional, p. 3

Papai Noel de plantão, *O Globo*, Primeiro Caderno 1– Nacional, p. 3

Uma mensagem de otimismo, *O Globo*, Primeiro Caderno 1– Nacional, p. 3

Crítica construtiva, ministro, *O Globo*, Primeiro Caderno 1– Nacional, p. 3

Refinaria da História, *O Globo*, Primeiro Caderno 1– Nacional, p. 3

Fundo de Marinha Mercadante, *O Globo*, Primeiro Caderno 1– Nacional, p. 3

Dias Toffoli desce a ladeira, *O Globo*, Primeiro Caderno 1– Nacional, p. 3

Associação criminosa, *O Globo*, Primeiro Caderno 1– Nacional, p. 3

Vestiu a toga e foi à missa, *O Globo*, Primeiro Caderno 1– Nacional, p. 3

André Mendonça x Dias Toffoli, *O Globo*, Primeiro Caderno 1– Nacional, p. 3

Comissão de Educação virou xepa, *O Globo*, Primeiro Caderno 1– Nacional, p. 3

A incerta de Lewandowski, *O Globo*, Primeiro Caderno 1– Nacional, p. 3

Supremo Tribunal Universal, *O Globo*, Primeiro Caderno 1 – Nacional, p. 3

Nosso delegadão, *O Globo*, Primeiro Caderno 1 – Nacional, p. 3

Um morto muito louco, *O Globo*, Primeiro Caderno 1 – Nacional, p. 3

Tesoura voadora, *O Globo*, Primeiro Caderno 1– Nacional, p. 3

Autor (es): Carlos Andreazza / *O Globo* / Editora Globo
Fonte (s): Agência O Globo

Publicados em *O Estado de S. Paulo*

O negócio dos vetos

Bravo Dias Toffoli

Ministros do Supremo participam

Ode ao corpo mole

Dilma III

Dias Toffoli lavajatista

Corregedor-universal do jornalismo

Lira reformando

Haddad assombrado

Com que roupa?

Lula articulando amanhã

De Dilma I para Dilma III

Lira lobo mau

Censurando e andando

Política de estado

Luiz Fux desabafa

Múmia fiscal

Finado exausto

Lira não faz pix

Subsídios ao otimista

Se liga, dino

Dino ligado

O supremo de volta para o futuro

Direito adquirido

Covardia

Contra o consenso

Potencial trágico

O supremo põe a mesa

Xandão censor

Este livro foi impresso nas oficinas gráficas da Editora Vozes Ltda.,
Rua Frei Luís, 100 – Petrópolis, RJ.